등장인물

주인공 수연이는 여러분과 함께 시간을 관리하고,
유용하게 사용하는 방법을 배워 나갈 거예요.
수연이는 할 일이 너무 많아서 시간이 늘 부족하다고 느껴요.
수연이가 시간 관리법을 배우면서 어떻게 달라질지 무척 궁금하네요.

수연

하고 싶은 일은 너무 많은데,
시간 관리 능력이 부족해
늘 시간에 쫓긴다.

유라

수연이의 이웃집 언니.
시간을 스스로 잘 관리하고
사용한다. 공부는 물론
동아리 활동, 봉사 활동까지
척척 해내고 있다.

수연이의 이야기 ①

차례

등장 인물 ·· 2

⭐ 수연이의 이야기 ·· 3
들어가며 ·· 10

마법의 시간 관리 ① 나는 내 시간의 주인!

⭐ 수연이의 이야기 ② ·· 12
시간을 잘 관리해서 사용하면… ·· 16
'시간 관리법'으로 달라지고 싶다! ·· 18
왜 늘 시간이 부족할까? 유형별 진단♪ ······································ 19
유형별 진단♪ 결과 ·· 20
시간을 잘 쓰기 위한 3가지 약속 ·· 21
마법의 시간 관리로 나만의 좋은 습관을 만들자 1 ······················ 24

마법의 시간 관리 ② 자신의 하루를 점검하라!

⭐ 수연이의 이야기 ·· 26
시간은 소중한 보물 ·· 30

특별 구성 시간을 지키면 행복이 따라와요! ······ 33
시간을 어떻게 쓰고 있는지 알아보자! ······ 34
시간을 정리하자! ······ 36
'생활하는 데 필요한 시간'은 반드시 확보하자! ······ 38
'좋아하는 일을 하는 시간'이 주는 긍정 에너지 ······ 40
'멋진 내가 되기 위한 시간'을 소중히 하자! ······ 42
'낭비일지 모르는 시간'을 가려내자! ······ 44
마법의 시간 관리로 나만의 좋은 습관을 만들자 2 ······ 48

마법의 시간 관리 ③ 다시 보자, 할 일! 바꿔 보자, 방법!

⭐ 수연이의 이야기 ④ ······ 50
월간 일정표를 만들면 시간이 보인다! ······ 52
특별 구성 세상에 하나밖에 없는 나만의 일정표를 만들자! ······ 54
목표를 정해서 일정을 세우자! ······ 56
할 일 목록으로 알찬 하루를 보내자! ······ 58
우선순위를 고려하면 모두가 행복해져요! ······ 60
나에게 맞는 '할 일' 정리법! ······ 62
눈앞의 일에 집중하자! ······ 64
공부 시간을 즐기자! ······ 66

| 특별 구성 | 적절한 보상으로 공부 의욕을 높이자! ······· 69
바쁠수록 신중하게 하자! ······· 70
철저한 준비로 잊은 물건이 없도록 하자! ······· 72
정리 정돈으로 시간 낭비를 줄이자! ······· 74
| 특별 구성 | 더 알고 싶어요! 정리 정돈! ······· 76
틈새 시간을 활용하자! ······· 78
마법의 시간 관리로 나만의 좋은 습관을 만들자 3 ······· 80

마법의 시간 관리 ❹ 나를 가꾸는 시간

⭐ 수연이의 이야기 ❺ ······· 82
여유롭게 시작하는 아침으로 하루를 상쾌하게! ······· 86
| 특별 구성 | 요리로 배우는 시간 관리 기술 ······· 88

푹 자서 몸과 마음을 개운하게 하자! ············· 90
깨끗한 방이 만드는 편안한 시간 ················· 92
꾸준한 관리와 노력이 호감도를 높인다! ········· 94
하루 전날 코디해서 아침 시간을 늘리자! ········ 96
여유로운 아침은 머리 손질하기 좋은 날 ········· 98
일의 순서를 잘 정해서 즐거운 외출을 하자! ···· 100
대화의 기술로 행복한 시간을 보내자! ············ 102
상대방의 시간을 소중히 생각하는 배려 방법 ···· 104
자신과 마주하는 시간을 만들자! ·················· 106
특별 구성 휴식 시간을 가지자! ················· 108
마법의 시간 관리로 나만의 좋은 습관을 만들자 4 ······ 112

마법의 시간 관리 5 빛나는 미래를 위한 휴일 사용법

⭐ 수연이의 이야기 6 ······························· 114
휴일을 값진 시간으로 만들자! ···················· 116
'생각하는 시간'을 만들자! ························· 119
특별 구성 미래의 꿈을 생각하자! ·············· 120
자신을 성장시키는 시간을 갖자! ·················· 122
⭐ 수연이의 이야기 7 ······························· 124
마법의 시간 관리로 나만의 좋은 습관을 만들자 5 ······ 126

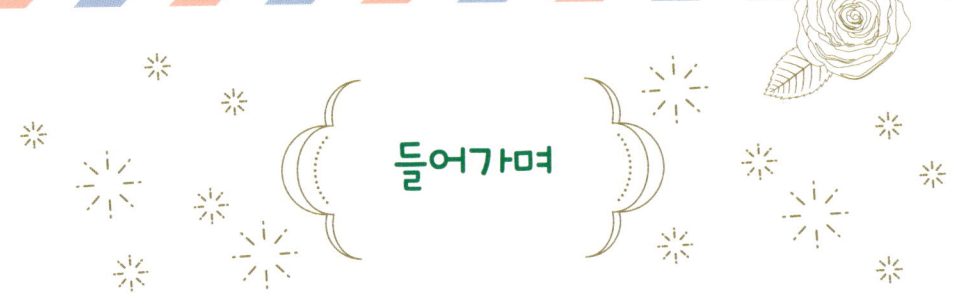

들어가며

당신은 어떻게 하면 시간을 잘 관리하고 유용하게 쓸 수 있는지에 대해 생각해 본 적이 있나요? 계획 없이 시간을 쓰다 보면 자신도 모르는 사이에 시간은 휙 지나가 버려요. 그래서 하고 싶은 일도 못 하고, 가고 싶은 곳에도 못 가고…….
결국 '왜 이렇게 된 거지?'라며 후회하기도 하죠.

시간은 누구나 공평하게 하루 24시간이에요. 1년이면 8,760시간이고 만약에 100세까지 산다고 가정하면 876,000시간이 주어지는 것이지요! 인생은 하루하루가 차곡차곡 쌓여서 완성되는 것이에요. 그러므로 자신에게 주어진 시간을 어떻게 보내느냐에 따라서 자신의 인생이 달라지는 것이고요.

저는 어렸을 때 항상 "빨리해!"라는 잔소리를 듣고 살았어요.
자주 지각하고, 약속도 잘 잊어버리는 등 실수가 많은 아이였지요.
그런데 시간을 관리하는 방법을 배우고 나서 일상이 달라지기 시작했어요.
하루하루가 즐거워지고, 스스로 발전해 나갔어요.

시간 관리가 어렵다면, 이 책을 읽고 연습해 보세요!
시간 관리를 잘하게 되면, 친구들과 즐겁게 시간을 보낼 수 있고,
공부의 효율을 높일 수 있고, 나아가 마음껏 꿈을 펼치는 멋진 사람이 될 수 있어요.
그럼 이 책을 통해 하루하루 의미 있는 날을 보내는 여러분이 되길 응원합니다.

생활지도 전문가
스즈키 나오코
(鈴木 尚子)

나는 내 시간의 주인!

자유롭게 살 수 있는 시간이 늘어난다면 뭘 하고 싶나요?
먼저 지금의 '나'를 알고
이상적인 자신의 모습을 떠올리는 것부터 시작해 봅시다. ♪

시간을 잘 관리해서 사용하면…

평소에 어영부영 흘려보냈던 시간.
그런 시간을 유용하게 사용할 수 있으면 뭘 할 수 있을까요?
아래의 그림을 보면서 상상해 보세요.

좋아하는 일에 투자할 수 있다

좋아하는 일에 집중하는 활기 넘치는 시간.
당신의 마음이 더욱 행복해져요!

해야 할 일에 집중할 수 있다

할 때 하고 쉴 때 쉬는 등 강약을 조절할 수 있다면, 공부도 더 효율적으로 할 수 있어요.

여유를 가지고 행동할 수 있다

약속 시간을 확실히 지키고,
친구에게 믿음을
줄 수 있어요!

차분하게 자신을 되돌아볼 수 있다

휴식을 취하며
나를 위해 보내는 시간은
당신의 내일을
빛나게 해 줘요.

마법의 시간관리 1 나는 내 시간의 주인!

소중한 사람과 즐겁게 보낼 수 있다

가족이나 친구와 함께하는
시간을 통해 행복한 추억을
만들 수 있어요.

'시간 관리법'으로 달라지고 싶다!

시간을 잘 관리해서 사용 가능한 시간이 늘어난다면, 당신은 뭘 하고 싶은가요? 진심으로 하고 싶은 일이 무엇인지, 당신의 속마음에 귀를 기울여 봅시다.

즐거울 때나 편히 쉴 때 힌트를 얻을 수 있어요!

💜 시간 가는 줄 모르고 즐거울 때는 언제인가요?

예시
- 책을 읽을 때
- 운동할 때

💜 요즘 무엇을 할 때 웃나요?

예시
- 입을 옷을 코디할 때
- 반려동물과 산책할 때

💜 마음이 평온하고 차분해질 때는 언제인가요?

예시
- 여유롭게 욕조에 몸을 담그고 있을 때
- 음악을 듣고 있을 때

모처럼 하고 싶은 일을 발견했는데 시간에 쫓기면 할 수 없어요. 내 시간이 부족한 이유가 무엇일까요? 일단 자신이 어떤 유형인지 알아봅시다.

당신의 유형을 다음 쪽에서 확인해 보세요. ★

왜 늘 시간이 부족할까? 유형별 진단 ♪

다음   를 읽고 자신에게 해당하는 항목에 모두 V 표시해 주세요.
중복으로 표시해도 괜찮아요.

- ♡ 다른 사람과 대화를 나눌 때 말하기보다 듣는 편이다.
- ♡ 언제든 누군가와 같이 있어야 안심이 된다.
- ♡ 자신의 의견이나 하고 싶은 것을 강하게 주장하지 못한다.

 에서 표시한 항목은 _____ 개

- ♡ 일정이나 순서를 고려하지 않고 눈에 띄는 것부터 시작한다.
- ♡ '이제 해야지' 하면 시간이 지나 버린 다음이다.
- ♡ 잘 못하거나 서툰 것은 뒤로 미루는 편이다.

 에서 표시한 항목은 _____ 개

- ♡ 하고 싶은 것이나 취미가 많다.
- ♡ 당장 할 일이 없으면 불안하다.
- ♡ 쉬는 날에도 일정이 항상 꽉 차 있다.

 에서 표시한 항목은 _____ 개

결과는 다음 쪽에! ➔

유형별 진단 ♪ 결과

나는 배려쟁이형, 의욕과다형이었어요!

19쪽의 Ⓐ Ⓑ Ⓒ 중에서 가장 많이 표시한 것이 당신의 유형이에요!
2개 이상 표시한 유형은 참고로 봐 주세요.

 에서 표시한 것이 많은 당신은… **배려쟁이형**

친구나 주변 사람에게 맞추느라 자신의 시간을 마음대로 사용하지 못해요. 일단 자신이 하고 싶은 일이 무엇인지 찾아보세요. 그런 후에 목표를 정하고, 그 목표를 이루기 위한 다음 행동을 생각해 보세요!

 에서 표시한 것이 많은 당신은… **행동먼저형**

기분에 따라 충동적으로 움직이는 일이 많은 당신은 앞으로 일어날 일을 고려하지 않고 일단 행동하고 보는 유형이에요. 미리 계획을 짜고, 오늘 해야 할 일을 차분히 생각해 보세요.

 에서 표시한 것이 많은 당신은… **의욕과다형**

하고 싶은 일이 너무 많아서 늘 시간이 부족한 유형이에요. 하고 싶은 일을 다시 한번 살펴보고 우선순위를 정해 보세요. 그럼 시간적 여유가 생길 거예요.

당신은 어떤 유형인가요? 자신의 유형을 파악한 후 시간 관리 수업을 시작해 보세요.

시간을 잘 쓰기 위한 3가지 약속

시간 관리 수업을 시작하기 전에 마음에 새겨야 할 3가지 약속이 있어요.

시간을 어떻게 쓸지 스스로 결정한다

당신의 시간은 당신의 것. 누군가가 시키는 대로
따라가지만 말고 내가 원하는 것,
나를 위하는 것이 무엇인지 찾아보세요.
시간은 반드시 자신을 위해서 사용해야 해요.

어렵더라도 초조해하지 않는다

시간을 잘 쓰려면 연습이 필요해요.
처음에는 어렵더라도 초조할 필요가
전혀 없어요. 자신에게 맞는 방법을
찾을 때까지 다양한 방법을 시도해
보세요. 조금씩 시간을 관리하는
방법을 배워 나가면 된답니다.

모든 시간을 즐기는 여유를 갖는다

모든 일에 사용한 시간에 비교해 얻는 결과나
효과만 따지다 보면, 좋아하는 일을
하고 있어도 즐겁지 않을 수 있어요.
어떤 시간이든 마음껏, 충분히 즐기는 것을
목표로 합시다!

좋아하는 음악을 들으며
방에서 보내는 여유로운 시간.

뿌듯한 마음으로 하루를 정리하며
일기 쓰는 시간.

즐겁게 수다를 떨며
친구와 함께 깔깔 웃는 시간.

어떤 시간이든
소중한 '나'를 위해서
빛나는 시간이랍니다.

마법의 시간 관리로
나만의 좋은 습관을 만들자

마법의 시간 관리 **1** 을 마친 당신은…

 시간을 유용하게 사용하는 방법을 머릿속에 그려 봤어요.

 자신이 시간을 어떻게 사용해 왔는지 알았어요.

시간을 어떻게 쓰고 싶은지
머릿속에 그려 봤나요?
눈에 보이지 않는 시간을
의식한 순간부터
당신은 달라지기 시작한 거예요!
멋지게 빛날 미래를 향해서
한 발, 한 발 내디디며
마법의 시간 관리 수업을 시작해 봅시다 ♪

자신의 하루를
점검하라!

시간은 누구에게나 소중한 보물이에요.
진심으로 하고 싶은 일을 하려면
자신의 하루와 생활 방식부터 점검해 보세요.

시간은 소중한 보물

시간은 누구에게나
공평하게 24시간이고,
어떤 것과도 바꿀 수 없는
소중한 보물이에요.
반짝반짝 빛나는
알찬 시간이 되느냐 마느냐는
모두 당신에게 달려 있어요!

시간은 한정되어 있다

하루는 24시간으로 돈으로 사서 늘릴 수도 없고, 지나가 버린 시간은 되돌릴 수도 없어요. 시간은 제한되어 있다는 점을 명심하고 소중히 보냅시다.

시간의 중요성을 나타내는 명언
예부터 시간은 소중했기에 시간과 관련된 명언도 많이 있어요.

♡ **시간은 금이다**
시간은 금과 같이 귀중하니까 낭비해서는 안 된다는 뜻이에요.

♡ **시간은 기다려 주지 않는다**
시간은 붙잡을 수 없고 사람의 상황이나 형편에 상관없이 흐른다는 뜻이에요.

🌹 상대방의 입장에서 생각하자

모든 사람에게 주어진 시간은 하루 24시간으로 같고 한정적이에요. 그러니 자신의 시간뿐만 아니라 다른 사람의 시간도 소중히 여겨야 해요.

주의!

만일 약속 시간에 늦으면 상대방은 당신을 걱정하면서 기다릴 거예요. 즐겁게 보내야 마땅한 시간인데 얼마나 아까워요. 약속 시간을 잘 지켜서 상대방의 소중한 시간을 낭비하지 않도록 주의합시다.

마법의 시간 관리 ② 자신의 하루를 점검하라!

다음 쪽에서 계속!

24시간 안에 할 수 있는 일을 생각하자

시간이 부족하다고 느낄 때가 많지요?
하지만 시간은 늘릴 수 없으니
정해진 시간을 효율적으로 사용하는 수밖에
없어요.
그러기 위해서는 일단 왜 시간이 부족한지
원인을 찾는 것이 중요해요.
지금부터 함께 알아봅시다.

사람의 일생은 몇 시간?

사람이 세상에 태어나서 죽을 때까지인 일생을 시간으로 바꾸면 몇 시간일까요? 계산해 봅시다.

10세	20세	40세	80세
8만 7,600시간	17만 5,200시간	35만 400시간	70만 800시간

1년 365일을 시간으로 환산하면 8,760시간. 당신이 10살이라면 8만 7,600 시간을 보낸 셈이에요. 인생은 하루하루의 시간이 흐르고 쌓인 결과물이에요. 그러니 1분 1초를 소중히 여기며 살아야겠죠?

 행복은 가까이에! 누구에게나 동일하게 주어지는 시간이라는 보물을 소중히 여기면 당신의 인생은 더욱 환하게 빛날 거예요.

특별 구성

시간을 지키면 행복이 따라와요!

평소 시간을 잘 지키면, 다른 사람에게 피해를 주지 않는 것은 물론 자신에게도 좋은 일이 많이 생겨요.

🌸 마음의 여유가 생긴다!

시간을 잘 지키면 다음 일정을 여유롭게 시작할 수 있어서 현재의 시간을 충분히 즐길 수 있어요. 반대로 늦으면 허둥지둥하거나 상대방에게 걱정을 끼치는 등 기대했던 일정을 망칠 수도 있지요.

늦을 것 같다면?

미리 상대방에게 전화나 문자 메시지로 예상 도착 시각을 알리세요. 상대방이 어디에서 기다리고 있는지, 날씨는 어떤지 등 기다리는 사람의 입장에서 생각해 봅시다.

그럼 출발!

수빈
미안해. 10분 정도 늦을 것 같아. 오늘 더우니까 가게 안에 들어가서 기다릴래?
알겠어! 그럼 안에서 기다릴게.

🌸 신뢰를 얻는다

시간을 잘 관리하는 사람은 상대방과의 약속 또한 잘 지켜요. 그래서 사람들에게 신뢰를 받지요. 반대로 습관적으로 지각하고 숙제도 매번 제때 내지 못하는 사람은 그만큼 '자기 관리가 부족한 사람'으로 인식되고 말아요.

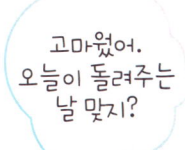

고마웠어. 오늘이 돌려주는 날 맞지?

약속을 잘 지키네…

시간을 어떻게 쓰고 있는지 알아보자!

시간을 유용하게 사용하려면
자신이 현재 어떤 일에
시간을 얼마나 쓰고 있는지
아는 것이 중요해요.
눈에 보이지 않는 시간을
눈으로 확인할 수 있도록 만드는 것이
핵심이랍니다. ☆

🌹 하루 일과를 점검해 보자

'아직 할 일을 정하지도 못했는데, 벌써 저녁 먹을 시간이?' 하며 당황했던 적이 있나요? 시간을 무의미하게 보내게 되는 이유를 찾기 위해서 하루의 행동과 시간을 메모해 보세요. 내가 시간을 어떻게 쓰고 있는지 알 수 있어요.

'15분 단위로 적는다', '3분 이내의 행동은 적지 않는다' 등 내 행동을 기록할 때 자신만의 규칙을 정해 보세요. 예시는 다음 쪽에서 확인하세요!

수연이의 하루

오전
- 7:30 기상
- 7:45 아침 식사
- 8:00 등교 준비
- 8:30 등교

오후
- 3:45 하교
- 4:00 간식 먹기
- 4:30 수영 학원에 갈 준비하기
- 4:45 집을 나선다
- 9:40 내일을 위한 준비
- 10:00 수면

학교에 있는 시간은 기록하지 않아도 괜찮아요.

평소에 무의식적으로 그냥 흘려보냈던 시간도 적어 보세요.

원그래프로 그려 보자

기록을 바탕으로 원그래프로 그려 보면 어떤 일에 시간을 얼마나 썼는지 한눈에 볼 수 있어요.

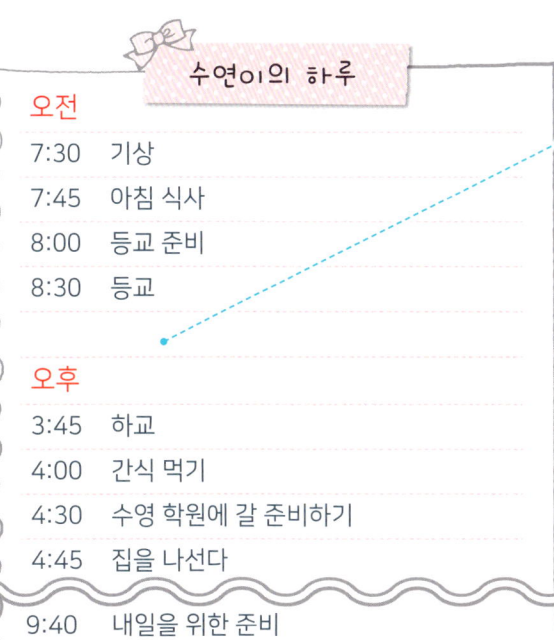

학교에 있는 시간이 이렇게 길구나!

 행복은 가까이에! 종이에 기록하면 시간을 눈에 보이는 형태로 만들 수 있어요. 이상적인 자신의 모습으로 향하는 길은 자신을 파악하는 것부터!

시간을 정리하자!

자신이 하루를 어떻게 보내는지 알았다면
구체적으로 시간을 어떻게
사용하고 있는지 점검해 보세요.
각각의 시간이
자신에게 어떤 의미인지 알면,
불필요한 시간을 정리할 수 있어요.

🌹 시간은 네 분야로 나눌 수 있다!

우리는 다양한 일에 시간을 쓰는데 다음과 같이 크게 '네 분야의 시간'으로 나눌 수 있어요. 어느 분야에 어떤 시간이 포함되는지는 사람에 따라서 다 달라요.

생활하는 데 필요한 시간
활동하고 살아가는데 빼놓을 수 없는 시간 (➡ 38쪽에).

예를 들어…
- 식사 • 수면 • 목욕 • 옷 갈아입기 • 정리
- 학교생활 • 등하교

좋아하는 일을 하는 시간
기분을 전환할 수 있는 행복한 시간 (➡ 40쪽에).

예를 들어…
- 친구와 놀기 • 취미 활동 • 간식 먹기
- 독서 • 가족 간의 대화

멋진 내가 되기 위한 시간
자신의 성장과 미래를 위해서 투자하는 시간과 자신을 돌보는 시간 (➡ 42쪽에).

예를 들어…
- 숙제와 공부 • 다른 사람 돕기
- 단정하게 꾸미기 • 학원 활동, 학원 숙제
- 내일을 위한 준비

낭비일지 모르는 시간
무의식적으로 의미 없이 흘려보내는 시간 (➡ 44쪽에).

예를 들어…
- 마음이 내키지 않는 부탁 들어주기
- 물건 찾기 • TV 보기 • 멍하게 있기

당신의 하루를 네 분야의 시간으로 나눠 보자!

자신이 하루를 어떻게 보내는지 살펴보고 '생활하는 데 필요한 시간', '좋아하는 일을 하는 시간', '멋진 내가 되기 위한 시간', '낭비일지 모르는 시간'으로 나눠보세요.

동영상을 보는 시간은 '좋아하는 일을 하는 시간'에 넣어야지. ♪

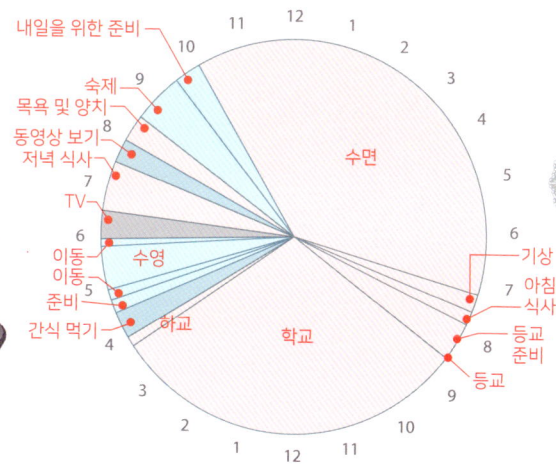

원그래프를 네 가지 색으로 나눠 색칠해 보면, 네 분야의 시간이 어느 정도 되는지 한눈에 볼 수 있어요.

 ## 시간을 나눴다면…

시간을 네 분야로 나눴다면 드디어 불필요한 시간을 정리할 차례예요! 시간을 정리하려면 네 분야로 나눈 시간의 특징을 아는 것이 중요해요. 다음 쪽에서 자세하게 알아봅시다!

시간을 네 분야로 나누면 자신이 현재 시간을 어떻게 사용하고 있는지 쉽게 알 수 있어요.

 행복은 가까이에! 시간을 나누는 작업은 자신과 마주하는 일이에요. 매우 의미 있고 소중한 시간이랍니다!

'생활하는 데 필요한 시간'은 반드시 확보하자!

'식사 시간'이나 '수면 시간' 등 생활하는 데에 필요한 시간은 건강한 하루를 보내게 도와주는 밑거름이 되어요.
아무리 바빠도
이 시간만큼은 줄이지 말고 소중히 여깁시다!

'생활하는 데 필요한 시간'이란?

식사나 수면, 목욕, 학교 생활 등 사람이 살아가는 데 필요한 시간이에요. '자신에게 몇 분이 필요한지' 분명히 알아보고 확보하도록 하세요.

하고 싶은 일을 하느라 수면 시간을 줄이면 머리가 띵하거나 집중이 안 되는 등 다음 날 시간을 제대로 쓰지 못하는 부작용이 생겨요!

초등학생의 권장 수면 시간은 8~10시간 정도예요.

생활에 리듬을 더하자

매일 같은 시간에 잠자리에 들고 일어나며
밥을 먹는 습관을 들이면, 생활에 리듬이 생겨요.
생활 리듬이 잘 형성되면
정신이 맑아지고 깨어 있는 시간 동안
활기차게 움직일 수 있어요!

행동먼저형에게 조언

자신이 언제 자고 언제 일어나는지, 식사는 몇 시에 하는지 등 시간을 의식하는 것부터 시작해 보세요. 시계를 보는 습관을 몸에 익히세요!

즐겁게 생활하는 방법을 연구하자

매일 생활하는 데에 필요한 시간인 만큼
이왕이면 즐겁게 하면 어떨까요?
좋아하는 옷을 입고 등교하거나
재미있는 이야기를 나누면서 식사하는
등 행복하게 보내는 방법을 찾아보세요.
평범하게 지나갈 수도 있었던 시간이
훨씬 더 의미 있게 바뀔 거예요.

 행복은 가까이에! 매일 가져야 하는 시간이니 천천히 즐기면서 에너지를 충전합시다. ♪

'좋아하는 일을 하는 시간'이 주는 긍정 에너지

진심으로 행복해서
웃음이 나는 시간은
살아가는 데에
매우 소중한 시간이에요!
'좋아하는 일을 하는 시간'을 통해서
매일 생활해 나갈 힘을
충분히 쌓고 길러 보세요.
이 시간을 통해 얻은 긍정 에너지로
생활에 활력을 불어넣읍시다!

🌹 '좋아하는 일을 하는 시간'이란?

행복과 웃음을 주는 시간이 바로 '좋아하는 일을 하는 시간'이에요. 웃음은 긍정의 힘과 심신의 안정을 주는 효과가 있어요. '맛있는 간식을 먹는다', '몸을 움직여 가벼운 운동이나 산책을 한다', '반려동물과 함께 시간을 보낸다' 등 당신이 즐겁다고 느끼는 시간을 생각해 보세요.

> ⭐ **의욕과다형**에게 조언
>
> 좋아하는 일이 너무 많아서 뭘 해야 할지 망설여질 때는 제일 하고 싶은 일이 무엇인지 곰곰이 생각해 보세요.

 ## 매일 기분 전환의 시간을 만들자!

'좋아하는 일을 하는 시간'은 피곤하거나 지쳤을 때 특히 더 필요해요. 몸의 피로뿐만 아니라 마음에 쌓인 피로도 신경 써 주세요. 당신의 하루를 건강하게 보내기 위한 중요한 방법이므로, 일정에 넣어 기분 전환의 시간을 가지세요.

마음에 쌓인 피로가 보내는 신호
- 식욕이 사라지거나 반대로 지나치게 많이 먹는다.
- 충분히 잤는데도 몸이 찌뿌둥하다.
- 복통이나 두통이 있다.
- 잠이 잘 오지 않는다.
- 아무 이유 없이 짜증이 난다.
- 왠지 모르게 불안하다.

 ## 마음껏 즐기자!

'좋아하는 일을 하는 시간'을 마음껏 즐기는 요령이 있어요. 그것은 숙제처럼 해야 할 일을 먼저 끝내는 것이에요! 해야 할 일을 모두 끝낸 다음에는 마음의 짐이 사라져 좋아하는 일에 집중할 수 있어요.

해야 할 일을 뒤로 미루면 신경이 쓰여서 제대로 즐기지 못해요.

숙제도 다 했으니 이제 마음 편히 놀아 줄게!

 행복은 가까이에! 당신이 제일 좋아하는 일을 할 때 짓는 미소는 그 어떤 때보다 훨씬 아름다워요!

'멋진 내가 되기 위한 시간'을 소중히 하자!

지금 당신에게는
'이렇게 되고 싶다'라고 바라는
미래의 모습이 있나요?
미래는 멀게 느껴지지만
눈앞의 자그마한 시간이
모이고 모여서 만들어지는 것이에요.
이상적인 자신의 모습을 떠올리며
매일 조금씩 다가가 보세요.

🌹 '멋진 내가 되기 위한 시간'이란?

비록 지금은 즐겁지 않고 당장 뭔가 달라지는 것 같지 않아도 미래의 자신에게 도움이 되는 시간이 있어요. 자신이 꿈꾸는 이상적인 모습에 가까이 다가가기 위한 시간이 바로 '멋진 내가 되기 위한 시간'이랍니다.

배려쟁이형에게 조언

자신이 바라는 이상적인 모습을 떠올릴 수 없다면 자신을 되돌아보고 마주하는 시간(➡106쪽)을 가져 보세요. 이 시간도 '멋진 내가 되기 위한 시간'이에요.

이상적인 자신의 모습을 그려 보자!

'어떤 걸 할 수 있게 되면 좋겠다', '좀 더 잘하고 싶다' 등 되고 싶은 자신의 모습을 그려 보면, 당신에게 맞는 '멋진 내가 되기 위한 시간'이 보일 거예요.

무조건 해야만 한다고 생각하며 자신을 벼랑 끝으로 내몰지는 마세요. 실제로 자신에게 맞지 않는 일이거나 무리한 일인지도 모르니까요.

이상적인 모습을 떠올리며 행동하자

생각처럼 잘 되지 않더라도 계속 노력하면 자신이 바라는 이상적인 모습에 조금씩 가까워질 수 있어요. '해야 하는 일이니까'가 아니라 '좀 더 발전하는 내가 되고 싶다'라는 마음가짐으로 임하면 훨씬 내 것으로 몸에 익힐 수 있고, 보람도 느낄 수 있어요. 당당하고 멋진 '내'가 되기 위해서 노력합시다!

 행복은 가까이에! 이루고 싶은 자신의 이상적인 모습은 힘들고 지칠 때 당신의 등을 토닥여 주고, 용기를 북돋아 주는 힘이 되어요.

'낭비일지 모르는 시간'을 가려내자!

시간이 흐른 뒤 차분히 떠올려 봐도 뭘 했는지 도통 생각이 나지 않는 시간이 있지요? 그런 시간이 바로 '낭비일지 모르는 시간'이에요.
'낭비일지 모르는 시간'을 찾아내서 유익한 시간으로 바꿔 봅시다!

🌹 '낭비일지 모르는 시간'이란?

38~43쪽에서 설명한 시간 중 어디에도 해당하지 않고, 의미 없이 보내는 시간이 '낭비일지 모르는 시간'이에요. 이렇게 흘려보내는 시간 때문에 정작 중요한 시간을 확보하지 못할 수도 있으니 명확하게 구분해서 정리하세요.

한번 틀어 놓고 무의식적으로 TV를 계속 보는 등 어영부영 보내는 시간은 '낭비일지 모르는 시간'인 경우가 많아요.

명확하게 구분하는 것이 중요하다!

하루를 되돌아보고 뭘 했는지 기억이 나지 않는 시간이 있다면 주의하세요! 기억에 남지 않는다는 것은 '그 시간을 낭비했다'는 의미이기도 해요. 반대로 얼핏 낭비인 것 같은 시간일지라도 나중에 소중한 추억이 되는 시간도 있으니 명확하게 구분하는 것이 중요해요.

'낭비일지 모르는 시간' 분별법
- 어떻게 보냈는지 기억이 나지 않는다.
- 즐겁다고 생각되지 않는다.
- 목적 없이 그냥 흘려보낸다.
- 나중에 도움이 된다는 생각이 들지 않는다.

네 가지 중 두 가지 이상에 해당한다면 그 시간은 '낭비일지 모르는 시간'일 가능성이 커요!

의미 있는 시간으로 바꾸자!

'낭비일지 모르는 시간'을 알았다면, 각각의 행동에 맞는 대책을 세우고 줄여 나가세요. '낭비일지 모르는 시간'을 '좋아하는 일을 하는 시간' 또는 '멋진 내가 되기 위한 시간'으로 바꿀 수 있다면 당신을 더욱 발전시킬 수 있어요. 그 방법은 다음 수업에서 알려 줄게요!

낭비일지 모르는 시간을 줄이면, 그만큼 유익한 시간이 늘어나요.

 행복은 가까이에! 하루 24시간이라는 정해진 시간을 의미 있게 만드느냐 헛되이 낭비하느냐는 당신에게 달렸어요.

무심코 보던 TV를 끄고
궁금해하던 책을 펼쳐 보세요.

의미 없이
흘려보냈던 시간이
아직 알지 못했던
새로운 세계를 알려 주는
마법의 시간으로 바뀔 거예요.

마법의 시간 관리로
나만의 좋은 습관을 만들자
2

마법의 시간 관리  2 를 마친 당신은…

 시간의 소중함을 배웠어요.

 하루 24시간 동안 자신이 어떻게 행동하는지 알았어요.

 하루를 네 분야의 시간으로 나눴어요.

자신에게 주어진 시간은 물론
상대방에게 주어진 시간도
24시간으로 똑같아요.
시간의 소중함을 알게 된 당신이라면,
무의미하게 흘려보냈던 시간을
의미 있는 시간으로 바꿀 수 있을 거예요.
앞으로 또 어떤 변화가 생길지 기대하며
다음 수업에 들어갑시다. ☆

다시 보자, 할 일!
바꿔 보자, 방법!

불필요한 시간을 정리했으니
이번에는 시간을 잘 사용하는 요령을 배워 봅시다!
할 일을 줄이는 것과 하는 방법을 바꾸는 것이 핵심이에요.

월간 일정표를 만들면 시간이 보인다!

'좋아하는 것을 하는 시간'이나
'멋진 내가 되기 위한 시간' 등
자신에게 소중하고 필요한 시간을
충분히 확보하고 싶다면,
월간 일정표를 만들어 보세요.
기대되는 일정이나 중요한 일을
달력에 적어 두면
두근두근 설렘으로 행복해진답니다.

🌹 가까운 미래를 내다보자

시간을 잘 사용하려면 눈앞의 일만이 아니라
가까운 미래까지 내다보는 것이 중요해요.
일단 한 달 일정을 눈에 보이도록
달력에 적어 보세요.
일정이 없는 날이나 바쁜 날을
한눈에 파악할 수 있어요.

일정표를 만들었다면 가족에게도 보여 주세요. 가족과 함께 외출하는 일정을 정할 때 도움이 되어요.

월간 일정표는 탁상 달력이나 수첩 등 한눈에 볼 수 있고 메모할 공간이 넓은 것이 좋아요.

중요한 일정부터 적자

먼저 학원이나 과외가 있는 날, 중요한 일정이 있는 날 등 정해진 일정을 먼저 적어요. 이때 헷갈리지 않도록 자신만의 규칙을 정해 놓는 게 중요해요.

> 나는 학원 일정은 녹색 펜, 친구와의 일정은 분홍색 펜으로 적었어!

며칠간 이어지는 일정은 ⟷ 로 표시하면 보기 편해요.

중요한 일정은 눈에 띄게 표시해요.

수연이의 경우 - 11월

월	화	수	목	금	토	일
1	2	3	4	5	6 가족 여행	7 놀이동산!
8	9 수영 4:30~5:30	10 학원 5:00~7:00	11 수학 시험 윤이 선물 사기	12 수영 4:30~5:30	13 윤이의 생일파티	14
15 피아노 5:00~5:40	16	17	18 할머니 댁 방문	19 발표 날	20 아인이랑 쇼핑 약속 10:00~	21 아빠 출장
22	23	24	25 수아랑 도서관 가기	26	27	28 일정표 만들기
29 엄마 휴가	30	1	2 미용실 5:00~	3 영어 학원 시험!	4	5

가족의 일정도 적어 두면 같이 하고 싶은 일을 의논하기 쉬워요.

매주 있는 일정을 화살표나 스티커로 표시하면 적는 시간을 단축할 수 있어요.

다음 달 일정표를 만드는 날을 정해요.

마법의 시간 관리 3 - 다시 보자, 할 일! 바꿔 보자, 방법!

 행복은 가까이에! 일정표 만들기는 미래를 내다보는 일이에요. 즐거운 미래를 상상하면서 만들어 보세요.

특별 구성

세상에 하나밖에 없는 나만의 일정표를 만들자!

아기자기, 깔끔, 세련된 디자인 등 자신의 취향에 맞는 일정표라면 매일 볼 때마다 기분이 좋겠죠? 나만의 개성 있는 일정표를 만들어 봐요!

❀ 공간을 활용하자

일정표는 적는 공간이 한정적이에요. 작은 스티커를 붙이거나 특별한 표시를 하면, 알아보기 쉬운 나만의 일정표를 만들 수 있어요.

❀ 특별한 날은 눈에 띄게!

특별한 일정은 한눈에 알아볼 수 있도록 얇은 마스킹 테이프나 형광펜을 이용해서 날짜 칸을 눈에 띄게 표시해요.

공간이 부족할 때는 빈 곳으로 끄집어내서 적어요!

스티커를 붙여 기대되는 일정을 꾸며 줘요.

나만의 마크를 그려 넣어 보세요.

오전 중에 선물을 사러 간다.

1 미용실
2 피아노

7 12:00~ 서연이의 생일파티
8 다은이와 약속
9 발표회

중요한 일정은 그림이나 특별한 표시로 눈에 띄게 해요.

확실히 정해지지 않은 일정은 포스트잇에 적어서 한쪽에 붙여 두면 좋아요.

일정 종류에 맞춰서 나만의 특별한 마크를 만들면 일정표 적기가 더욱 재미있어져요.

친구와의 일정 ➡ ♥ 
시험이나 학원 공부 ➡ 📖 
배우기 ➡ 🎹 🥽 ABC 👟
생일 ➡ 🎁

잠시 쉬어가기

새하얀 일정표에
알록달록 행복한 미래를 그려 보세요.

기대와 설렘으로 가득 찬 일정표는
자신만의 소중한 보물이 된답니다.

목표를 정해서 일정을 세우자!

목표가 정해지면
앞으로 시간을
어떻게 활용하면 좋을지
눈에 보이기 시작해요.
목표를 생각한다는 것은,
이상적인 자신의 모습에
가까이 다가가기 위한
첫걸음이에요. ☆

🌹 일단 목표를 정하자

자신의 이상적인 모습에 가까이 다가가려면 일단 목표를 정해야 해요.
목표는 언제까지 어떤 것을 이루고 싶은지 구체적으로 정하는 것이 중요해요!

한 달에
책을 5권
읽는다.

운동회 때
달리기 시합에서
1등을 한다.

6개월 후의
피아노 발표회에서
멋진 연주를
하고 싶다.

이번 시험에서
100점을 받는다.

숫자나 양으로 나타내면,
더욱 구체적인 목표가 만들어져요.

🌹 목표 달성까지의 단계(step)를 적자

목표를 정했다면 그 목표를 달성하기 위한 단계를 세분화해서 계획을 세워요. 일단 목표를 이루기까지의 단계를 세세하게 나누어 모두 적어 보세요. 그런 다음에 각각의 단계에서 시간이 얼마나 걸릴지 생각해 보세요.

목표: 2주 후 발표를 멋지게 하고 싶다.

단계:
- 주제를 정한다. (1일)
- 주제에 대해서 조사한다. (3일)
- 발표 내용을 적는다. (2일)
- 원고를 작성한다. (3일)
- 원고를 수정한다. (2일)
- 발표 내용을 정리한다. (1일)
- 연습한다. (2일)

🌹 '거꾸로' 계획을 세우자

계획을 잘 세우는 방법의 하나는 거꾸로 거슬러 올라가 생각하는 것이에요. 핵심 목표를 정했다면, 그 기한까지 어떤 단계에 얼마만큼의 시간을 투자할 것인지를 생각해요. 기한까지 남은 시간을 파악하고 미리 계획을 세우면 언제까지 뭘 하면 좋을지가 한눈에 보여요. 이렇게 일정을 정했다면 월간 일정표에 적으세요.

> 지금 뭘 해야 하는지 파악하기 쉬워요.

행복은 가까이에! 목표 달성까지의 긴 과정을 일정표에 알기 쉽게 적으면 목표를 이루는 게 더 쉬워져요. ☆ 하나씩 하나씩 이루어 나갑시다.

할 일 목록으로
알찬 하루를 보내자!

한 달간의 일정을 세웠다면
이번에는 하루를
어떻게 보낼지 정해 보세요.
매일 아침 '오늘은 이렇게 하자!'라며
두근거리는 마음으로
하루를 시작할 수 있다면
참 행복하겠죠?

🌹 오늘의 일정을 '목록'으로 작성하자

하루에 할 일을 목록으로 만들면 시간을 어떻게 관리하고 나눠서 쓸지가 머릿속에 명확하게 그려져요. 또한 '깜빡하고 못 했다'는 일도 없어진답니다.

끝낸 일은
V 표시해요.

매일 반복해서
습관으로 만들었다면
목록에서 빼도 좋아요.

마음에 드는 메모장이나
캐릭터 포스트잇을 사용하면 목록을
볼 때마다 기분이 좋아져요. ☆

할 일 목록의 예시

11/15 (월)
- ☑ 수영 (1시간)
- ☐ 숙제 (30분)
- ☐ 학습지 (수학 3페이지, 30분)
- ● 화분에 물 주기 (5분)
- ☐ 학교에서 받은 프린트물 엄마께 전달하기 (2분)
- ☐ 유진이에게 빌린 책 읽기 (30분)
- ☐ 책상 정리 (15분)

걸리는 시간을 가늠할 수 있을 때까지
괄호 안에 시간을 적으세요.

하루를 마무리하며 목록을 재점검하자

하루를 끝내는 저녁 시간이 되면, 목록을 다시 살펴보고 내일의 할 일 목록을 작성하는 시간을 가져 보세요. 자신이 어떤 일을 얼마나 했는지 확인할 수 있어요.
나에게 꼭 맞는 목표를 작성해서 시간을 더 효율적으로 써 봐요.

숙제는 30분으로 부족했으니, 내일은 1시간 정도로 정하자!

오늘 못 한 일이 많아도 실망할 필요 없어요. 못 한 이유를 생각해 보고, 내일의 목록을 작성할 때 참고하면 더 나은 내일을 준비할 수 있어요.(➡ 62쪽).

빈 시간을 확인하자

당일에 할 일을 어느 정도 할 수 있는지 가늠하기 어렵다면, 방과 후나 일주일간의 일정을 기록해 보세요. 비어 있는 시간을 파악할 수 있어서 할 일 목록을 작성할 때 수월해져요.

의욕과다형에게 조언

목록의 비어 있는 시간에 할 수 있는 것만 적어요. 당일에 못 할 것 같은 일정은 다른 날로 옮기세요!

오후	월	화	수	목	금
3:00	학교				
4:00					
5:00	서예	수영	학원		학원
6:00					
7:00	식사				
8:00	샤워				
9:00					
10:00	취침				

마법의 시간관리 ③ 다시 보자, 할 일! 바꿔 보자, 방법!

 행복은 가까이에! 하루하루의 시간이 모이고 쌓여서 당신의 미래를 만들어요. 할 일 목록을 잘 활용해서 한 발씩 앞으로 나아갑시다.

우선순위를 고려하면
모두가 행복해져요!

할 일 목록을 작성했다면
어떤 순서로 할 것인지
생각해 보세요.
자신과 주변 사람이
행복한 시간을 보낼 수 있도록
배려하면서 우선순위를
정해 보세요. ♪

🌹 일의 순서를 정하자

해야 할 일에는 순서가 있어요. 자신에게 중요한 일이나 자신이 하지 않으면 주변 사람에게 피해를 주는 일부터 빠르게 처리하는 습관을 들여 보세요.

일의 순서를 고려하지 않고, 자신이 하고 싶은 일부터 하지 않도록 주의하세요.

주변 사람과의 약속을 지키자

우선순위가 높은 세 가지 일을 소개할게요. 이 세 가지는 당신과 주변 사람과의 약속이에요. 반드시 지키도록 노력합시다.

친구, 가족과의 일정

친구, 가족과의 일정은 잊지 않고 반드시 지키도록 해요. 상대방의 입장에서 생각하면 약속의 소중함을 더 느낄 수 있어요.(➡ 31쪽).

숙제, 제출물

누군가에게 제출하는 것은 반드시 날짜를 지켜야 해요. '나중에 하면 되겠지'라는 가벼운 마음가짐으로는 약속한 날짜를 넘기기 쉬워요.

친구, 가족의 요청

친구나 가족이 부탁한 일을 미루면 껄끄러운 상황이 생길 수 있어요. 특히 가족이 부탁한 집안일이 있다면 빨리 끝내야 서로 행복한 시간을 보낼 수 있어요.

학원, 약속 등 시간이 정해져 있는 일정은 늦지 않도록 시간적으로 여유를 두고 움직여요. 아슬아슬하게 준비하면 허둥지둥 행동할 수밖에 없어요.

 행복은 가까이에! 당신의 일정은 다른 누군가의 일정과 연결되어 있어요. 당신의 행동으로 주변 사람이 웃을 수 있도록 배려해요!

나에게 맞는 '할 일' 정리법!

할 일 목록에 따라서 움직여 봤는데
막상 해 보니 잘 안 됐던 일은 없나요?
그렇다면 일정을 수정해서
좀 더 자신에게 딱 맞는
시간 관리 방법을 익히도록 합시다. ♥

🌹 일정을 다시 확인하자

일정표나 할 일 목록을 처음부터 끝까지 쭉 살펴보세요. 혹시 일정이 너무 많거나 필요 없는 일정까지 모조리 넣지 않았나요? 할 일이 너무 많으면 시작하기도 전에 *진이 빠지고 지쳐 버려요. 게다가 목록을 전부 달성하지 못하면 우울해지죠. 다음 쪽의 내용을 참고해 당신의 할 일 목록을 정리해 보세요.

*진이 빠지다 : 실망을 하거나 싫증이 나서 의욕을 잃다. 또는 힘을 다 써서 지치다.

🌹 정말로 필요한가?

일정에는 넣었지만 정말로 당신에게 필요한 것인지 살펴보세요. 세 가지 질문에 Yes 또는 No로 대답해 보세요. '할 일'을 정리하면 좀 더 자신에게 맞는 목록을 만들 수 있어요.

① 꼭 하고 싶은 일인가?

YES → 👑 **하고 싶은 일**
당신에게 필요한 시간이에요. 일정에 넣고 진심으로 즐길 수 있는 시간으로 만들어 보세요.
예: 친구랑 놀기, 피아노 수업, 그림 그리기 등

NO → ② 자신이나 누군가에게 도움이 되는 일인가?

② 자신이나 누군가에게 도움이 되는 일인가?

YES → ③ 무심코 하고 있는가?

NO → ✕ **하지 않아도 되는 일**
일정에 넣었지만 '시간 낭비였을지도 몰라…' 하는 생각이 드는 일정부터 빼세요.
예: TV 보기, 쇼핑 등

③ 무심코 하고 있는가?

목적 없이 그냥 했던 일은 쉬어 보는 것도 좋아요.

YES → △ **하지 않아도 되는 일**
하지 않아도 되는 일이 섞여 있을지도 몰라요. 지금 나에게 정말 필요한 일인지 한 번 더 점검해 보세요.
예: 목적이나 의욕 없이 받는 수업, 내키지 않는 약속 등

NO → ○ **하는 편이 좋은 일**
당신에게 필요한 일이에요. 왜 해야 하는지, 하지 않았을 때는 어떻게 될지 생각해 보면, 하고자 하는 마음이 더 생길 거예요.
예: 심부름, 숙제 등

 행복은 가까이에! 당신은 매일 성장하기에 하고 싶은 일과 할 수 있는 일이 계속 변한답니다. 현재 자신에게 맞춰서 할 일을 생각하세요. ♪

눈앞의 일에 집중하자!

할 일을 수정하고 정리했다면
다음은 어떻게 일을 해 나갈지
방법을 연구해 봐요.
해야 한다는 생각은 들지만
의욕이 없으면 느릿느릿
시간만 더 걸려요.
바짝 집중해서 빨리 끝내면,
그만큼 즐거운 시간이 늘어나서
보람된 하루를 보낼 수 있어요!

 하나에 정신을 쏟자

지금 하는 일에 집중하려면 다른 일을 머릿속에서 비우는 것이 중요해요. 예를 들어 '앞으로 30분은 숙제하는 시간'처럼 무엇을 하는 시간인지를 명확하게 정하면 집중이 잘 돼요.

4시 30분까지 숙제하자!

 주의!

'TV 보면서 숙제하기'와 같이 두 가지 일을 동시에 하면 집중력이 떨어져요. 한 가지 일에 정신을 기울이세요.

행동먼저형에게 조언

어떤 일을 시작하기 전에 눈을 감고, 앞으로 할 일만 떠올려 보세요. 마음이 차분히 가라앉아서 집중력이 높아져요.

집중력 향상을 위한 준비

한 가지 일에 힘과 정신을 쏟으려면 어떤 준비가 필요한지 알아보아요.

주변을 정리 정돈한다

제일 먼저 쓸데없는 데에 시선을 빼앗기거나 불필요한 정보가 보이지 않도록 환경을 만들어야 해요. 만약 공부를 위한 환경이라면 책상 위를 정리하고, 공부와 관련이 없는 물건은 눈에 띄지 않도록 치우세요. 주변 소음이 신경 쓰인다면 귀마개를 해 보세요.

공부를 시작한 후에 정리 정돈을 하려고 하면 집중력이 떨어져 버려요. 반드시 '시작 전'에 하세요.

구체적으로 머릿속에 그린다

집안일을 돕는 순서나 공부해야 하는 범위를 먼저 확인하세요. 할 일이 무엇인지 명확하게 알고 시작하면 집중이 잘 돼요. 순서 정리를 못하면 중간에 '다음은 뭐 하지?' 하는 생각에 산만해져요.

쉬는 시간을 정해 둔다

집중할 수 있는 시간은 그리 길지 않아요. 1시간 동안 열심히 했다면 10분 정도 휴식 등 쉬는 시간을 넣어서 집중력을 높여 보세요.

먼저 수세미로 닦은 후에 마지막에 다 모아서 헹굴게요!

10분 쉬고 다시 해야지!

 행복은 가까이에! 집중력은 내키지 않는 일을 빨리 끝내고 즐거운 일을 더욱더 즐겁게 하는 마법이에요.

공부 시간을 즐기자!

자신이 없는 과목이나 싫은 과목을
공부하는 것은 사실 즐겁지 않아요.
집중하기도 힘들고요.
하지만 어차피 해야 하는 공부라면
즐겁게 하는 편이 낫지 않을까요?
성숙한 어른이 되기 위해서는
뭐든 즐길 수 있는 여유로운 마음가짐이
필요하답니다. ♪

🌹 공부는 미래를 위한 투자!

어떤 시간이든 그 시간이 어디에 도움이 될지 모른다면 답답하고 견디기 힘들 거예요.
하지만 목적을 알면 의욕이 마구 생긴답니다! 공부하면 어떤 점이 좋을지
한번 생각해 봅시다.

공부하면 가능해지는 일

♡ 시험에서 좋은 성적을 낼 수 있다.

♡ 수업 시간에 자신 있게 손을 들 수 있다.

♡ 몰랐던 것을 알 수 있다.

♡ 생각하는 힘이 생긴다.

♡ 장래에 희망하는 직업을 가질 수 있다.

이것 외에 좋은 일은 많이 있을 거예요.
가족, 친구들과 이야기를 나누며 생각해 보세요.

🌹 공부 의욕을 높여 주는 방법

즐기면서 공부하는 방법을 연구해서 공부 의욕을 높여 보세요.

시간을 정한다

'○분 안에 끝낸다'는 식으로 시간을 정하고 게임을 하듯이 즐겨 보세요. 타이머를 사용하면 편리해요.

좋아하는 학용품을 사용한다

캐릭터 연필이나 향기 나는 지우개 등 마음에 드는 학용품을 준비해서 공부할 때 기분을 좋게 해요.

좋아하는 과목부터 시작한다

좋아하는 과목이나 간단한 문제부터 시작해요. '귀찮다', '잘 몰라서 하기 싫다' 등의 생각이 들 때 추천해요.

의욕이 생기지 않을 때는?

의욕이 생기지 않더라도 해야 하는 시간이 다가오면 '딱 한 문제라도 풀어 보자!' 하고 책상에 앉으세요. 일단 시작하면 서서히 의욕이 생길 거예요.

다음 쪽에서 계속!

자신에게 맞는 공부 시간을 찾자

자신의 성격이나 일정에 맞춰서 실천하기 쉬운 방법을 생각해 보세요.

2회로 나눈다

오랫동안 책상에 앉아 있는 것이 힘들거나 학원에 많이 다녀서 시간을 길게 확보하기 어렵다면 공부 시간을 2회로 나눠 보세요.

아침 시간을 활용한다

저녁보다 아침에 집중이 더 잘 되는 사람은 일찍 일어나 공부해 보세요.

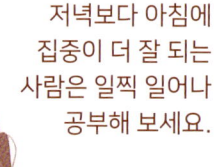

노력한 자신을 칭찬하자

지겹고 싫은데도 참고 공부를 했다면, 자신을 칭찬해 주세요. 편하게 쉬거나 좋아하는 간식을 먹는 것도 좋아요. 다음 쪽의 내용을 참고해 노력한 자신에게 상을 주세요.

의욕과다형에게 조언

*과유불급이라고 하죠? 하나에 지나칠 정도로 집착하면 다른 일정에 지장을 줄 수 있어요.

*과유불급(過猶不及) : 정도가 지나친 것은 부족한 것만큼 문제가 됨.

 행복은 가까이에! 당신의 노력은 당신을 성장시키는 밑거름이 돼요. 서툰 과목을 열심히 공부한 시간은 미래의 당신에게 큰 도움이 될 거예요.

특별 구성

적절한 보상으로 공부 의욕을 높이자!

열심히 노력한 자신에게 주는 보상은 일상에 활력을 더해 주고 공부 의욕을 높여 줘요.

❀ 소소한 선물

매일 일정에 맞춰서 열심히 노력한 자신에게 편하게 쉴 수 있는 시간이나 맛있는 간식을 주는 등 작은 선물을 주세요. 기분 전환도 되고 '다음에 더 열심히 해야지!' 하는 의욕도 생긴답니다.

보상의 예시
- ♥ 간식을 먹는다.
- ♥ 취미의 시간을 가진다.
- ♥ 산책하거나 음악을 듣는다.

❀ 특별한 선물

시험이나 학원 발표회 등 특별한 일정을 무사히 마쳤다면, 쇼핑이나 평소에 먹기 힘든 고급 간식 등을 자신에게 선물하세요. 가족과 의논해서 특별한 보상을 생각해 보는 것도 좋아요.

보상의 예시
- ♥ 갖고 싶었던 물건을 산다.
- ♥ 좋아하는 반찬을 부탁한다.
- ♥ 가족과 외식한다.

칭찬 카드를 만들자

일정을 하나씩 잘 소화할 때마다 도장을 찍거나 포인트를 쌓아 보세요. 자신에게 맞는 보상 방식을 정해 놓으면 마음이 내키지 않는 일정도 즐거운 마음으로 하게 된답니다.

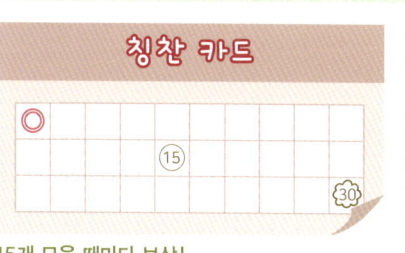

15개 모을 때마다 보상!

바쁠수록 신중하게 하자!

시간이 부족하면
정신적으로도 여유롭지 못해요.
그럼 평소에 하지 않는
실수까지 하게 되고,
했던 일을 다시 수정하는 번거로움과
시간까지 추가로 걸리게 되죠.
바쁠수록 마음을 차분히 가라앉히고
평소보다 신중하게 한다는 생각으로
해 보세요.

🌹 '천천히 확실하게'를 목표로!

빨리 끝내려고 속도만 높여봤자 효율은 떨어지고 말아요. 하나씩 바르게 한다는 생각으로 끝까지 마무리하는 것을 목표로 해 보세요. 일단 일을 끝까지 해내는 힘을 기르는 것이 중요해요.

똑같은 일을 빨리할 수 있는 사람은 요령을 터득했기 때문이에요. 익숙해지면 저절로 속도가 빨라지니 너무 조급해하지 말아요.

이럴 때는 어떻게 하면 좋을까?

했던 일을 다시 하게 되는 원인이 뭘까요? 자신의 성격을 파악해서 실수를 미리 막아 봅시다.

 **① 내 고집대로 그냥 한다**

확실하지 않으면서 추측대로 했다가 잘못된 방법이라 다시 해야 할 때….

그럴 때는 차분히 적자

시작 전에 뭘 해야 하는지 확실히 알아 두고 날짜와 할 일을 적어 보세요.

 **② 사소한 실수가 많다**

잘 해냈다고 생각했는데 사소한 실수가 많아서 다시 해야 할 때….

그럴 때는 다시 살펴보자

마무리 단계에서 틀린 곳은 없는지 한 번 더 살펴보는 습관을 기르세요.

 **③ 평소 잘하는 일인데 실수한다**

집중력 저하로 평소에 잘하던 일을 망쳤을 때….

그럴 때는 휴식을 취하자

피로는 실수의 원인이에요. 일단 쉬면서 집중력을 되찾으세요.

행복은 가까이에! 차분하게 시간을 보내면 주변이 온화하게 느껴져요. 차분한 마음가짐은 마음에 여유가 있다는 증거예요.

철저한 준비로
잊은 물건이 없도록 하자!

준비물을 깜박하면
집에 다시 가야 하거나
수업에 온전히 참여할 수 없어요.
미리 준비하고
다시 확인하는 습관을 통해
슬기로운 학교생활을 합시다!

 깜빡하는 것은 시간 낭비의 원인이 된다

준비물을 깜박하면 일정대로 시간을 쓸 수 없고, 아깝게 시간을 낭비할 수밖에 없어요. 설령 준비물을 가족 중 누군가가 가져다준다 해도 결국은 가족의 시간을 빼앗는 꼴이 돼요. 항상 확인하는 습관을 들여서 모두의 시간을 지키세요.

깜박하기 쉬운 준비물 목록

♡ **그날만 사용하는 물건**
  예 : 악기, 미술 도구, 줄넘기

♡ **조금밖에 안 남은 물건**
  예 : 지우개, 공책

♡ **가족의 도움이 필요한 물건**
  예 : 확인과 서명이 필요한 자료

수영장 카드를 깜박했네.

이럴 때는 어떻게 하면 좋을까?

사람마다 준비물을 깜빡하기 쉬운 타이밍이 있어요. 어떻게 하면 준비물을 잊지 않고 챙길 수 있는지, 그 방법을 생각해 봅시다.

가방에 넣는 것을 깜빡한다

학교에 도착해서 '앗, 오늘 이게 필요했네' 하고 깜빡한 준비물을 알아차린다.

그럴 때는 → **준비물 목록을 만든다**

목록을 만들면 깜빡하고 못 챙기는 일을 막을 수 있어요. 가방에 넣으면 목록에 V 표시해요.

전달 사항을 깜빡한다

가족에게 전달해야 할 사항을 잊어버려서 마감 기한이 되어 당황한다.

그럴 때는 → **전달하는 타이밍을 정한다**

집에 돌아오면 바로 가족에게 전달하는 습관을 기르거나 알림장, 프린트물 등을 두는 장소를 정해 보세요.

들고 가는 것을 깜빡한다

전날 준비를 철저하게 해놨는데, 당일 아침에 서두르느라 들고 가는 것을 깜빡한다.

그럴 때는 → **눈에 잘 띄는 곳에 둔다**

챙긴 준비물은 가방 옆이나 현관 앞 등 눈에 잘 띄는 곳에 두세요.

 행복은 가까이에! 준비물을 깜빡해서 낭비했던 시간을 활용한다면 무엇을 할 수 있을지 생각해 보세요.

정리 정돈으로 시간 낭비를 줄이자!

사용하려는 물건을
바로바로 찾을 수 있으면,
시간 낭비 없이
수월하게 일을 진행할 수 있어요.
필요한 물건을 골라내고 정돈하여
자유롭게 쓸 수 있는 시간을
늘려 봅시다. ♥

🌹 물건을 정리하자

방에 물건이 너무 많으면
쓰려는 물건을 찾는 데에 시간이 걸려요.
일단 필요한 물건을 골라내고
불필요한 물건은 처리하세요.
방 안의 물건을 모두 꺼내서
하나씩 필요한 것과 불필요한 것으로
나누는 것부터 시작하세요.

🌹 수납할 장소를 정하자

물건을 둘 장소를 정하고 보관하는 것을 '수납'이라고 해요. 어디에 수납하면 나중에 찾기 편할지가 수납의 핵심이에요. 물건의 고정적인 수납 장소를 정해 두면 넣고 꺼낼 때 어디에 둘지 망설이는 시간을 없앨 수 있어요. 수납 요령은 다음 쪽에서 자세하게 설명할게요.

머리끈이나 핀은 거울 근처에 수납하는 식으로, 쓰기 편한 장소를 생각하며 정하면 좋아요.

🌹 동아리를 만들자

동아리는 같은 뜻을 가지고 모인 하나의 무리를 뜻해요. 같이 사용할 때가 많은 물건끼리 묶어서 수납하면 바로 꺼내서 쓸 수 있고, 하고 싶은 일에 집중할 수 있어요.

무엇을 할 때 어떤 물건을 사용하는지 생각해 보면 돼요.

예를 들어…

편지, 메모 세트

학습 세트

 행복은 가까이에! 점점 깨끗해지는 방을 보면 마음도 상쾌해지죠. 한결 가벼워진 마음으로 좋아하는 일을 하는 시간을 즐겨 봅시다!

특별 구성

더 알고 싶어요! 정리 정돈!

정리 정돈을 했는데 금방 또 어지럽혀진다면
시간이 아무리 많아도 치우고 치우느라 부족하게 느껴질 거예요.
수납 요령을 배우고 익혀서 깨끗한 상태를 유지합시다.

🌸 자신에게 맞는 수납 방법

빈틈없이 딱딱 맞아 떨어지는 것을 좋아하는 유형과 덜 정돈되어 보이더라도 빨리빨리 처리하는 것을 좋아하는 유형은 수납 방법이 달라요. 시간은 조금 쓰고 깨끗함은 오래 유지하기 위해 자신에게 맞는 수납 방법을 찾아봅시다.

빈틈없이 딱 맞는 것을 좋아하는 유형에게 추천하는 수납 방법

옷을 접거나 개는 노력이 필요한 수납이지만 찾는 시간을 단축하는 방법을 추천해요. 예를 들어 서랍 안에 칸막이를 만들어서 옷을 정리해 보세요. 입으려는 옷을 바로 찾을 수 있어요!

똑같은 모양으로 개면 크기가 같아서 공간을 낭비하지 않고 깔끔하게 정리할 수 있어요.

빨리빨리 처리하는 것을 좋아하는 유형에게 추천하는 수납 방법

접거나 개는 수고가 덜한 수납 방법을 추천해요. 옷을 개지 않고 걸어서 옷장에 수납하는 거예요. 옷을 걸기만 하면 끝이라 시간이 적게 들고 청결함도 유지할 수 있어요.

치마나 바지도 하의용 옷걸이에 걸어서 옷장에 수납해요.

🌸 동선을 고려하자

생활하면서 자연스럽게 움직이는 길을 '동선'이라고 해요. 자신의 동선을 고려해서 수납하면 생활하기 편리해요. 예를 들어 자기 전에 책을 읽는 습관이 있다면 침대 가까이에 책을 두는 거예요. 그러면 책을 바로 찾아서 읽을 수 있죠.

🌸 이름 스티커를 붙이자

어디에 무엇을 수납했는지 알기 쉽도록 수납한 물건의 이름을 스티커에 적어서 붙여요. 물건을 찾는 시간을 단축할 수 있고, 치우고 정리할 때도 어디에 넣으면 좋을지 망설이는 시간을 줄일 수 있어요.

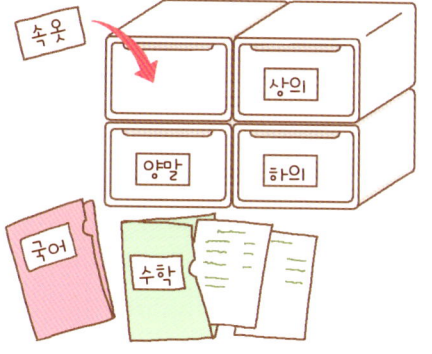

🌸 필요한 물건만 남기자

방을 깨끗한 상태로 유지하려면 물건의 양도 중요해요. 물건이 많으면 정리할 때도 찾을 때도 시간이 걸리기 마련이죠. 미리 '이 서랍에 들어갈 정도만' 등 양을 정해 두고, 물건이 늘어났다면 다시 확인해서 불필요한 것은 처분하세요.

틈새 시간을 활용하자!

일정과 일정 사이의
비어 있는 시간을
'틈새 시간'이라고 해요.
'티끌 모아 태산'이라는 속담처럼
아주 짧은 시간이라도 쌓이면
귀중한 시간이 된답니다.

 틈새 시간에 눈을 뜨자

앞의 일정이 일찍 끝났거나
버스나 지하철을 타고 이동하는
시간 등 잘 생각해 보면
틈새 시간은 다양한 곳에서
발견할 수 있어요.
일단 하루의 일정을 살펴보고
틈새 시간이 없는지 확인해 보세요.

🌹 짧은 시간도 모으면 긴 시간이 된다!

짧은 시간이라도 모으면 긴 시간이 돼요.
예를 들어 틈새 시간 5분 동안
책을 네 번 읽으면 20분이나
독서를 한 셈이에요.
아무리 짧은 시간이라도
소중하게 여깁시다.

 '어차피 잠깐인데 뭘~' 하며 틈새 시간을 흘려보낸다면 너무 아까워요! 자신에게 도움이 될 만한 것을 해 보세요.

🌹 틈새 시간에 할 수 있는 일은?

틈새 시간은 언제 생길지 몰라요.
곧바로 할 수 있도록
평소에 하고 싶은 일을
생각해 두세요.

할 수 있는 일의 예시
- ♡ 스트레칭을 한다.
- ♡ 놀이 계획을 세운다.
- ♡ 음악을 듣는다.
- ♡ 휴일에 입을 옷을 정한다.

휴식도 중요해요!

사실 틈새 시간을 일정으로 가득 채우면 지칠 수도 있어요. 때로는 몸과 마음을 치유하는 시간으로 활용해서 다음 일정을 위한 준비를 해 보세요.

차를 마시거나 음악을 듣는 등 머릿속을 비우고 심신을 편히 쉬도록 하세요.

행복은 가까이에! 당신이 틈새 시간을 활용할 수 있게 되었다면 시간의 중요함을 알고, 잘 관리하게 되었다는 증거예요. 칭찬합니다!

마법의 시간 관리로
나만의 좋은 습관을 만들자 3

마법의 시간 관리 3 을 마친 당신은…

 월간 일정표를 만들 수 있게 되었어요.

 나에게 맞는 공부법을 찾아보았어요.

 낭비하는 시간을 줄일 수 있게 되었어요.

해야 할 일을 명확하게 파악하고
정리했더니 '시간에 쫓긴다'는
생각이 덜 들지 않나요?
시간의 주인이 되어
자신이 정한 목표를 향해서
매일 착실하게 노력하는 당신은
참으로 멋지답니다!

나를 가꾸는 시간

시간과 마음에 여유가 생겼다면
그 여유를 자신을 가꾸는 데 투자해
본인만의 매력을 만들어 보세요. ☆

여유롭게 시작하는 아침으로 하루를 상쾌하게!

아침에 일어나 가족과 함께 식사하거나 여유롭게 대화를 나눌 수 있다면 얼마나 행복할까요? 신속하게 준비를 마치고 여유로운 아침 시간을 보내 봅시다!

🌹 전날의 준비가 여유를 만든다

아침은 허둥지둥 바쁘기 마련인데, 전날 준비를 해 두면 여유가 생겨요. 준비물을 챙겨 놓거나(➡72쪽) 입을 옷을 꺼내 놓는(➡96쪽) 등 전날 할 수 있는 것은 미리 해 놓으세요.

자기 전에 알람을 맞추는 것도 잊지 마세요. 일어나기 힘들 때는 다시 울림 기능을 설정하거나 알람 시계를 베개에서 먼 곳에 두면 좋아요.

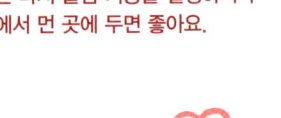

행동먼지형에게 조언

다음 날을 위한 준비를 습관화하면, 다시 한 번 일정을 검토할 수 있어요.

🌹 자기 일은 스스로 하자

아침 시간이 분주한 것은 가족 모두에게 마찬가지예요. 스스로 일어나기, 침대 주변 정리, 학교 갈 준비 등 시계를 보면서 하나씩 해 나가요. 그럼 가족 중 누군가 당신을 챙기느라 시간을 쓰지 않아도 되고, 본인도 자기의 일을 스스로 했다는 뿌듯함을 느낄 수 있어 서로 기분 좋게 지낼 수 있어요.

다 먹은 그릇을 싱크대에 가져다 놓는 김에 가족이 사용한 것도 같이 옮겨 놓아 보세요. 할 수 있는 사람이 해 두면 서로가 좋겠죠?

아침에 신속히 움직이려면…

아침이 바쁜 이유는 뭘 해야 할지 머릿속에서 정리가 안 됐기 때문이에요. 그럴 때는 '아침에 해야 할 일 목록'을 작성해 보세요. 무엇을 어떤 순서로 해야 할지 알면 시간 낭비 없이 빨리 움직일 수 있어요.

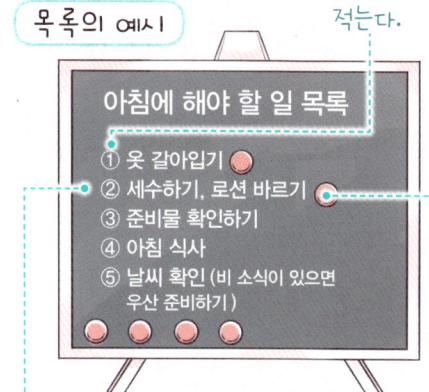

해야 할 순서대로 적는다.

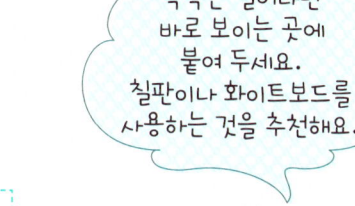

목록은 일어나면 바로 보이는 곳에 붙여 두세요. 칠판이나 화이트보드를 사용하는 것을 추천해요.

끝낸 일은 자석으로 표시해요.

세수, 로션 바르기, 머리 정리 등 한곳에서 가능한 일은 모아서 하면 좋아요.

 행복은 가까이에! 가족과 함께 여유롭게 아침을 시작하면, 하루가 즐거워져요. ♪

특별 구성

요리로 배우는 시간 관리 기술

정해진 시간을 효율적으로 사용하는 힘을 기르는 데는 요리가 딱이에요!
요리를 통해서 시간을 관리하는 법을 배워 봅시다.

🌸 요리는 준비가 중요하다!

요리는 식재료를 다듬고 양념하고 조리 도구를 씻는 등 준비에서 뒷정리까지 할 일이 매우 많아요. 그래서 우선순위를 정하고 그 순서에 따라서 망설임 없이 요리를 진행하는 것이 중요하죠. 뒤죽박죽 하다 보면 시간이 오래 걸리고, 먼저 만들어 놓은 요리가 식고 말아요.

① 조리법을 확인한다

준비 없이 바로 요리를 시작하면 재료가 부족하거나 요리 도구가 갖춰 있지 않아 곤란한 일이 생겨요. 미리 조리법을 훑어보고 만드는 순서를 머릿속에 담아 보세요.

주의!

음식을 만드는 중에 재료가 없다는 것을 알게 되면, 요리를 중단하고 재료를 사러 나가야 하거나 어쩔 수 없이 메뉴를 변경해야만 해요.

앗, 카레 가루가 없네!

② 효율적으로 만드는 순서를 생각한다

조리법을 정했다면, 만드는 순서를 생각하세요. 오랜 시간 가열하거나 간이 배도록 기다리는 시간을 놓치지 말고 다른 요리 재료를 씻거나 자르면 시간을 효율적으로 사용할 수 있겠죠? 그럼, 다음 쪽의 예를 살펴봅시다.

밥과 카레를 만드는 경우

| 밥 | 10분 | 20분 | 30분 | 40분 | 50분 | 60분 |

- 밥: 쌀을 씻는다 → 쌀을 안친다(비는 시간) → 밥을 푼다
- 카레: 재료를 자른다 → 재료를 볶는다 → 푹 끓인다(비는 시간) → 그릇에 담는다
- 기타: 설거지를 한다, 식기를 준비한다

약 **1**시간 만에 완성

요령껏 요리하지 못하면 시간이 두 배나 걸리기도 해요!

| 30분 | 60분 | 90분 | 120분 |

- 밥을 한다 → 카레를 만든다 → 설거지를 한다 → 식기를 준비한다 → 그릇에 담는다

약 **2**시간 만에 완성

조리한다

순서대로 막힘없이 요리하려면 시작하기 전에 미리 필요한 재료와 도구를 준비해 두세요.
이때 조미료도 계량해서 준비해 두면 더 좋아요.

효율적으로 시간을 관리하면 일정이 많아져도 순조롭게 진행할 수 있어요.

마법의 시간 관리 4 나를 가꾸는 시간

푹 자서 몸과 마음을 개운하게 하자!

혹시 할 일을 다 못했다며
잠자는 시간을 줄이고 있지는 않나요?
밤에 잠을 자는 것은
몸과 마음을 쉬게 하는 것뿐만 아니라
신체 성장과 피부 재생을 돕는
매우 귀중한 시간이에요.
푹 자고 일어나면 다음 날 몸도
개운하고 머리도 상쾌해져서
기분 좋은 하루를 보낼 수 있어요.

🌹 놀라운 수면 효과

밤에 깊이 잘 자는 것은 그 어떤 약이나 보조 식품보다
훨씬 좋은 특별한 효과가 있어요.

- 심신의 피로를 풀어 준다
- 신체 성장을 촉진한다
- 피부가 좋아진다
- 면역력을 강화한다
- 다음 날 집중력이 향상된다

성장 호르몬은 활동할 때보다 잠을 자는 동안 더 많이 분비되어요. 키가 크고 싶다면 잠을 충분히 자세요!

수면의 질을 높이자

수면 효과를 높이려면 수면의 질이 중요해요. 침대에 눕기 전에 따뜻한 우유나 허브티 등을 마시면 푹 잘 수 있어요. 가벼운 스트레칭을 하는 것도 좋아요.

주의! 커피나 녹차, 에너지 드링크 등에 포함된 카페인과 TV와 스마트폰 등의 화면에서 나오는 강한 빛은 수면을 방해하는 원인이에요. 잠을 자기 전에는 TV나 스마트폰을 멀리하고 눈을 쉬게 해 주세요.

휴일에도 똑같은 리듬으로!

휴일에는 늦게 자고 늦게 일어나는 등 늘어지기 쉽죠. 그런데 휴일에 생활 리듬이 깨지면 평일 아침에 일어나기 힘들고 몸도 나른해져요. 가능하면 휴일에도 평일과 같은 시간에 일어나서 하루를 알차게 보내세요.

아침에 일찍 일어났다면
멋진 내가 되기 위한
하루를 계획해 보세요.(➡ 116쪽).

 행복은 가까이에! 푹 자고 일어나면 다음 날 활기찬 자신을 발견할 수 있을 거예요. 충분한 잠은 내일의 '나'에게 주는 선물이랍니다.

깨끗한 방이 만드는 편안한 시간

깔끔하게 정리된
방에서 지내면
기분도 좋아지고
공부에도 집중할 수 있어요.
안락하고 편안한 시간을
보낼 수 있도록
방을 어떻게 깨끗하게
유지하면 좋을지
연구해 봅시다!

🌹 방을 정리해 시간을 유용하게 쓰자

방을 정리 정돈했다면 (➡74쪽) 깔끔한 상태로
유지할 수 있도록 노력해야 해요.
청결함을 유지하는 요령은 사용한 물건을
제자리에 놓고, 정기적으로 청소하는 거예요.
방을 깨끗하게 유지하면, 언제든지 필요한 물건을
바로 찾을 수 있고, 물건을 찾느라 쓰는
시간 낭비와 스트레스도 사라진답니다.

평소에 수납을 잘해서
바닥에 물건이 없으면
청소를 빨리 끝낼 수 있어요.

 정리 정돈도 즐기며 하자

청소를 재미있게 즐기면서 하는 방법을 소개할게요.

음악을 들으면서 신나게!

좋아하는 음악을 들으면서 리듬에 맞춰서 청소해 보세요.

알람을 맞추고 시간 안에 하기!

'오늘은 10분 동안 정리한다' 등 시간을 정하고, 게임을 한다는 생각으로 치워 보세요.

 편하게 지낼 수 있는 안락한 공간을 만들자

휴식 시간에 몸과 마음을 확실하게 쉬게 해야 중요한 일을 할 때 집중할 수 있어요. 어떻게 하면 자신의 방을 편하게 쉴 수 있는 안락한 공간으로 만들 수 있을지 그 방법을 고민해 보세요.

폭신폭신한 방석이나 인형, 예쁜 꽃을 두는 등 편안하게 쉴 수 있는 공간을 만들어요.

바라보는 것만으로도 기분이 좋아지는 공간을 만들어 봐요.

 행복은 가까이에! 깔끔하게 정돈되고, 좋아하는 물건으로 꾸며진 방은 당신에게 편안함을 주어요!

꾸준한 관리와 노력이 호감도를 높인다!

주변 사람들에게 호감을 얻고 싶다면
평소에 꾸준히 노력하고 관리해서
내적·외적인 아름다움을 가꿔야 해요.
관리를 소홀히 하면
여러 문제가 발생하기 쉽고,
그것을 해결하기 위한
시간과 노력이 더 많이 들죠.
세심하고 꾸준한 관리를 습관화해서
자신의 호감도를 높여 보세요. ♪

🌹 손질하기 편하게 머리 말리기

머리를 감았으면 수건으로 툭툭 두드려서 물기를 닦고
드라이기로 말려요. 뜨거운 바람은 머리카락을 상하게
할 수 있으니 되도록 차가운 바람을 사용하세요.
빗질은 머리카락이 마른 후에 하고,
젖었을 때는 빗살 간격이 넓은 빗을 사용하세요.
헤어 로션이나 에센스를 모발 끝에 발라 주어도 좋아요.
이렇게 머리를 관리하고 자면
다음 날 아침에 일어났을 때 머리가 심하게
뻗치지 않고 묶기도 편해서
손질(➜ 98쪽) 하기 편해요.

수건으로 비비지 말고
툭툭 두드려서 물기를 제거해요.

 깔끔한 옷 관리

외출 시간이 다 되어서 단추가 떨어진 것을 발견하면 코디를 다시 바꿔야 해요. 옷을 벗은 직후나 세탁한 후에 옷 상태를 확인하는 습관을 들이세요.

확인할 것 1 — 단추

외투나 상의 단추가 떨어지지 않았는지 확인해요.

확인할 것 2 — 주름

주름이 있다면 가족 중 어른에게 다림질을 부탁해요.

확인할 것 3 — 신발, 양말

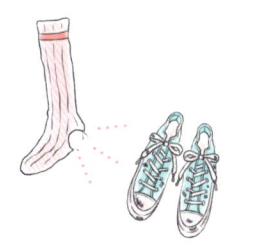

신발에 얼룩이 묻어 있는지, 양말에 구멍이 뚫리지 않았는지 확인하세요.

올바른 세안법으로 깨끗한 피부를 만들자!

세안은 피부 트러블(피부에 생기는 여러 종류의 이상 증세. 여드름, 염증 등)이 없는 깨끗한 피부를 유지하는 데에 제일 중요한 기초 작업이에요. 세안할 때 머리띠를 하거나 고무줄로 머리를 묶으면 구석구석 잘 닦을 수 있어요.

비누 거품을 풍성하게 만들어서 부드럽게 닦아 내요.
비누 거품이 남지 않도록 깨끗하게 씻어 내고,
깨끗한 수건으로 톡톡 두드리며 물기를 제거해요.

 행복은 가까이에! 평소에 투자한 작은 수고와 노력이 당신의 미래를 빛나게 해요. 꾸준히 관리해서 미래의 자신에게 행복을 전합시다!

하루 전날 코디해서 아침 시간을 늘리자!

다음 날 입을 옷을
미리 준비해 두면
아침에 여유가 생겨요.
그럼 허둥대지 않고
기분 좋게 외출할 수 있어요.
내일을 기대하는 떨리는 마음으로,
어떤 옷을 입을지 고민하는 시간을
마음껏 즐겨 봅시다. ☆

🌹 꼼꼼한 준비로 완벽하게!

내일 입을 옷과 같이 착용할 액세서리를 미리 준비해 두세요. 그럼 외출할 때 고민하는 시간을 줄일 수 있어요. 또한 머리띠나 팔찌 등의 액세서리는 포인트가 되어 패션을 더욱 완성해 주는 역할을 해요. 시간 여유가 있을 때 코디를 미리 해 두면, 여러 스타일을 시도해 볼 수 있고 패션 감각도 기를 수 있어요.

옷장에서 미리 옷을 꺼내 놓으면 시간을 더 아낄 수 있어요.

당일의 상황을 확인하자!

일기 예보를 확인해서 전날에 예상했던 것과 달라졌다면 의상을 바꾸거나 보완해요.

♡ 쌀쌀한 것 같다 ➡ 겉옷을 준비한다

♡ 햇빛이 강한 것 같다 ➡ 모자를 쓴다

일정을 구체적으로 떠올려 보자

옷을 어떻게 입을지 고민될 때는 뭘 할 예정인지, 밖에서 보내는 시간이 어느 정도인지, 날씨는 어떤지 등 구체적인 상황을 고려해요.

> 일정을 구체적으로 떠올려 보세요.

일정의 예시

- ♥ 활동이 많은 날 ➡ 활동하기 편한 옷을 고른다
- ♥ 일교차가 큰 날 ➡ 옷을 껴입어서 체온 조절을 한다
- ♥ 계속 밖에 있어야 하는 날 ➡ 걷기 편한 운동화를 신는다
- ♥ 식당에서 외식하는 날 ➡ 깔끔한 옷을 고른다

자신만의 코디 세트를 만들어 두자

매일 상의, 하의, 신발, 액세서리를 따로따로 골라서 코디하려면 시간이 오래 걸려요. 시간이 있을 때 미리 옷과 액세서리 코디를 정해 두면 시간을 단축할 수 있지요. 자신만의 코디 세트를 만들어 보세요!

활동이 많은 날의 운동복 세트

특별한 날의 깔끔 세트

휴일에 멋 내기 세트

땀 흡수가 잘 되는 면 소재 티셔츠 X 운동화

깔끔한 셔츠 X 카디건

주름 스커트 X 깜찍한 보조 가방

 행복은 가까이에! 마음에 드는 패션 코디는 당신에게 자신감을 불어넣어 줘요. 자신감이 생기면 그만큼 일정을 진심으로 즐길 수 있어요.

여유로운 아침은 머리 손질하기 좋은 날

필요한 준비를 전날에 잘해 두면,
집을 나서기 전에 단정하고 멋지게
머리를 꾸밀 시간이 생겨요.
옷차림에 어울리는 헤어스타일로
한층 더 세련된 멋쟁이가 됩시다.
자신에 대한 만족감은
나에게 행복을 가져다 줘요.

🌹 스스로 배워서 익히기!

전날에 입을 옷과 액세서리를 정하고
어떤 머리 모양을 할지
휴일이나 시간이 있을 때
머리를 묶고 땋는
연습을 해 보세요.

머리를 묶거나 땋는 법을 익혀 두면,
머리를 만지는 시간을 단축할 수 있어요.
잡지나 동영상을 보면서 연습해 보세요.

🌹 머리 손질의 기본은 빗질!

무엇이든 기본이 가장 중요하죠. 가지런하게 머리를 빗질해 정돈하면 머리 모양을 만들기 쉽고, 찰랑찰랑한 머릿결이 되어요.

두피 쪽, 중간, 머리카락 끝부분을 순서대로 살살 풀면서 빗어 내려요.

주의! 시간이 없다며 대충 빗으면 머리카락이 엉키고 매끄럽게 묶이지 않아 오히려 손질하는 데 시간이 더 걸려요.

🌹 빠르고 쉬운 머리 손질

| 깔끔 앞머리 | 포니테일 | 땋은 머리 |

앞머리에 살짝 물을 묻혀서 옆으로 빗고 머리핀으로 고정해 보세요. 깔끔하고 단정해 보여요.

살짝 높게 머리를 하나로 묶어서 포니테일을 만들어 보세요. 머리가 흘러내리지 않도록 단단히 고정하는 것이 요령이에요.

정수리에서 좌우 귀 뒤쪽으로 머리를 땋아 내려요. 양쪽으로 땋은 머리 끝부분을 머리핀으로 고정하면 귀여워 보여요.

 행복은 가까이에! 평소와 다른 머리 모양으로 외출하면 기분 전환에 아주 좋아요. ♪

일의 순서를 잘 정해서 즐거운 외출을 하자!

어딘가로 외출할 때,
단계를 생각해서
순서를 정하고 행동하면
한정된 시간을 효율적으로
사용할 수 있어요.
알찬 하루를 스스로의 손으로
계획해 봅시다.

🌹 외출을 즐기려면?

하고 싶은 일을 마음껏 즐기려면, 가고 싶은 곳에 도착하기 전까지의 상황을 예측해서 사전 준비를 하는 것이 중요해요. 사전 준비를 철저하게 하면, 길을 잃더라도 당황하지 않고 해결할 수 있어요.

'어떻게든 되겠지' 하는 마음으로 외출하면 가고 싶은 곳에 못 가게 되거나 하고 싶은 일을 못 하게 될 수도 있어요.

즐거운 외출을 위한 네 가지 방법

즐거운 외출이 가능해지는 네 가지 방법을 소개할게요.

 1. 목적을 명확히 한다

어디에 갈 것인지, 뭘 하려고 가는 것인지 목적을 정해요. 가 보고 싶은 장소가 두 곳 이상이면 우선순위를 정하는 것이 좋아요. 이때 같이 가는 친구의 생각도 물어보고 고려하세요.

 2. 필요한 정보를 조사한다

왕복 시간, 교통수단, 필요한 돈, 약속 장소, 가려는 곳의 영업시간과 정기 휴무일 등을 미리 조사해요.

 3. 만일을 위한 대책을 세운다

지하철을 놓치거나 길을 헤매는 등 예기치 못한 일이 발생할 수 있어요. 여러 가지 돌발 상황에 대해 어떻게 대처할지 미리 정해 두면 안심할 수 있어요.

4. 일정을 짜 본다

언제 집을 나서서 목적지에 몇 시에 도착할 것인지, 몇 시에 집에 돌아올 것인지 등 일정을 적어 보세요. 시간을 조금 여유롭게 잡는 것이 좋아요.

어른이 동행하지 않고 또래끼리 외출하는 경우는 사전에 가족에게 갈 장소와 일정을 말해 두세요. 또한, 귀가 시간은 반드시 지킵시다.

 행복은 가까이에! 일의 순서를 정하는 것은 미래를 예측하는 힘이 되어요. 당신이 꿈꾸는 미래를 명확하게 그려 봅시다.

대화의 기술로 행복한 시간을 보내자!

가족이나 친구와 보내는 시간은 당연히 즐겁게 보내고 싶죠?
상황에 따라 적절히 대처하고 반응하는 대화 기술이 있으면, 상대방도 자신도 기분 좋은 시간을 보낼 수 있어요!

🌹 자신의 시간을 소중히!

'나를 좋게 생각했으면…', '거절하면 이기적으로 보일까?' 하는 생각으로 내키지 않아도 사람을 만날 때가 있어요. 개인적인 일정으로 시간마저 부족할 때는 거절하는 용기도 필요해요. 서로 기분 좋게 웃을 수 있는 다른 제안을 해 보는 것도 좋아요.

같이 공원에 갈래?

미안해! 오늘은 읽고 싶은 책이 있어서. 혹시 내일은 어때?

거절할 때는 상대방의 입장을 배려하면서 자신의 기분을 전달해요.

배려쟁이형에게 조언

거절은 상대방에 대한 배려심이 없어서가 아닌 자신의 의사를 표현하는 것이며 자신을 소중히 여기는 방법 중 하나랍니다.

🌹 눈앞의 상대방을 존중하기

누군가와 함께 있는데
게임을 하거나 동영상을 보는 데에
정신을 쏟고 있지는 않나요?
다른 사람과 함께 시간을 보낼 때는
상대에게 집중해 주세요.
그것이 상대방에 대한 예의이며,
그래야 서로에게 소중한 시간을
보낼 수 있어요.

메일이나 메시지 애플리케이션을 잘 쓰는 법

 사용 시간을 정한다

어떤 메시지가 왔는지, 어떤 동영상이 올라왔는지 궁금해서 한시도 가만히 있지 못한다면 대책이 필요한 단계예요. 사용 시간을 제한하세요.

 단어 선택에 주의한다

얼굴이 보이지 않는 상태에서 메시지를 주고받으면 오해가 생길 만한 가능성이 커져요. 전송하기 전에는 항상 한 번 더 읽어 보세요.

 필요 이상으로 고민하지 않는다

'답장이 왜 안 오지?', '빨리 답장해야 하는데' 등 조급해한다는 것은 상대방에게 끌려다닌다는 증거예요! 자신의 상황에 맞춰서 메시지를 주고받는 것이 좋아요.

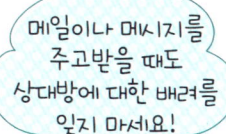

메일이나 메시지를 주고받을 때도 상대방에 대한 배려를 잊지 마세요!

 행복은 가까이에! 상대방에 대한 배려와 자신에 대한 배려를 모두 소중히 여기며, 서로의 시간을 행복한 시간으로 만들어 보세요.

상대방의 시간을 소중히 생각하는 배려 방법

지금까지의 수업을 통해서 자신의 시간은 물론 상대방의 시간까지 소중히 해야 한다는 것을 알았어요. 서로 기분 좋게 시간을 보내기 위해서 스스로 할 수 있는 일을 생각해 보세요.

 **고마운 마음 갖기**

부모님이 집안일이나 회사에 나가 일을 하는 것은 당연하다고 생각하나요? 하지만 엄마나 아빠는 당신을 위해서 자신의 시간을 쓰고 있는 거예요. '감사합니다'라는 말을 통해 고마운 마음을 전해 보세요.

도시락이나 간식은 가족 중 누군가가 당신을 위해 신경을 써 준비한 것이에요.

당신이 입었던 옷도 가족 중 누군가가 시간을 들여서 깨끗하게 빨아 준 것이에요.

집안일을 통해 감사의 마음을 표현하기

가족 중 누군가가 당신을 위해서 써 준 시간에 대해 감사의 마음을 표현할 방법을 소개할게요.

스스로 정리 하기

예를 들어…
- 침대의 이불을 갠다
- 읽은 책을 정리한다
- 먹은 접시를 싱크대에 가져다 놓는다

집안일 돕기

예를 들어…
- 세탁물을 갠다
- 쓰레기를 버린다
- 화장실 청소를 한다

친구의 시간을 상상하기

친구가 자신의 시간을 어떻게 사용하고 싶어 하는지 상대방의 입장에서 생각해 보세요. 상대방을 배려하면서 행동하면 상대방의 시간도 소중히 여길 수 있어요.

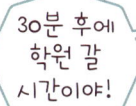
30분 후에 학원 갈 시간이야!

하고 싶은 말이 있었는데 내일 해야겠다!

친구가 바쁠 때는 하고 싶은 말이 있어도 나중으로 미루는 배려심을 가지세요.

 행복은 가까이에! 당신의 자그마한 배려로 소중한 사람의 귀중한 시간을 빛나게 할 수 있어요.

자신과 마주하는 시간을 만들자!

다른 사람과 공유하는
시간도 중요하지만
때로는 혼자만의 시간을 갖고
자신과 마주해 보는 것은 어떨까요?
자신을 되돌아보는 시간이야말로
당신을 더욱 힘이 나게
만들어 줄 거예요.

🌹 마음을 가라앉히는 시간을 갖자

다른 사람과 이야기를 나누거나 TV를 보고 알게 된 새로운 정보는 뇌를 자극해 주어요. 그런데 새로운 정보는 차분히 생각하고 정리하는 과정을 거쳐야 비로소 자신의 것이 되어요. 편안한 마음으로 정리하는 시간을 가져 보세요.

자신에게 맞는 휴식 방법을 찾으면 좋아요(➡108쪽).

 자신과 마주하는 방법 자신을 되돌아보자

남에게 보여 주기 위한 내가 아니라 '있는 그대로의 나'와 마주해 보세요. 일기를 써 보는 것도 좋은 방법이에요. 누군가에게 보여주기 위한 것이 아니니 솔직하고 자유롭게 써 보세요.

글로 표현하지 않더라도 목욕하면서 천천히 오늘 하루를 되돌아보거나 침대에 누워서 열심히 노력한 자신을 칭찬하는 것도 좋아요!

 자신과 마주하는 방법 하고 싶은 일을 생각하자

'이런 사람이 되고 싶다', '○○에 도전하고 싶다' 등 자신이 하고 싶은 일을 아는 것도 중요해요. 당장 할 일에만 매달리지 말고 평소에 꿈꾸던 것을 실현하려면 어떻게 해야 하는지, 자신에게 뭐가 필요한지 곰곰이 생각해 보세요.

배려쟁이형에게 조언

흥미를 갖게 된 계기가 TV나 친구 때문이라도 괜찮아요. 그 일을 하는 자신의 모습을 떠올려 보고 입가에 미소가 번진다면 일단 도전해 보세요.

 행복은 가까이에! 휴식 시간에 자신을 되돌아보며 생각을 정리하면, 그다음 일정에 더욱 집중해서 보낼 수 있어요!

특별 구성

휴식 시간을 가지자!

차분히 생각을 정리하거나 심신을 푹 쉬게 하거나 기분을 전환하고 싶을 때는 '휴식 시간'을 가져 보세요. 몇 가지 방법을 추천할게요.

친구나 가족과 대화한다

수다를 떨거나 고민 상담을 하면 마음이 훨씬 가벼워지고 편안해져요. 비록 해결책을 찾지 못하더라도 기분을 전환할 수 있는 계기가 돼요.

산책

밖으로 나가서 맑은 공기를 마시고 주변 경치를 구경하거나 상쾌한 바람을 느껴 보세요. 걷기와 같은 가벼운 운동은 기분을 전환하는 데에 효과적이에요.

스트레칭

스트레칭을 통해 경직된 근육을 풀어 주면, 혈액순환이 잘 되고 몸에 좋은 자극을 주어 스트레스가 풀려요.

오른손을 머리 위에 대고 고개를 오른쪽으로 천천히 당겨서 목의 근육을 풀어 주세요. 반대쪽도 똑같이 해 주세요.

 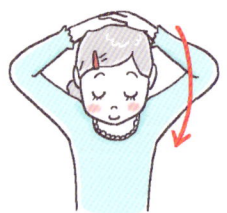

양손을 깍지 껴서 머리 뒤에 대고 누르면서 목을 천천히 앞으로 숙여서 쭉 늘려 보세요.

오른팔을 왼쪽으로 길게 뻗고 왼팔로 감싸서 몸쪽으로 끌어당기세요. 반대쪽도 똑같이 해 주세요.

독서

책에 집중하면 머리 회전이 잘돼요.
흥미나 관심이 있는 분야의 책을 읽으면
지식도 깊어진답니다! ♪

따뜻한 차를 마신다

따뜻한 차를 마시면 몸과 마음에 온기가
돌아요. 특히 허브티나 보리차 등은
긴장을 풀어 주는 효과가 있어요.

좋아하는 향을 맡는다

좋아하는 향을 맡으면, 위로 받는 기분이
들고 몸과 마음이 편안해져요. 향이 좋은
핸드크림이나 립밤은 휴대하기도 편리하니
잘 활용해 보세요.

음악을 듣는다

좋아하는 음악을 들으면 기분이 좋아지죠.
소리 내 따라 부르거나 춤을 추는 등
몸 전체를 움직여 보는 것도 좋아요!

자신에게 맞는 휴식 방법을 찾아봐요!

마법의 시간관리 4 — 나를 가꾸는 시간

잠시 쉬어가기

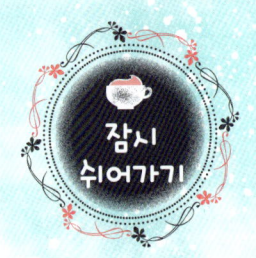

자신의 감정을
있는 그대로 받아들이고
마음의 문을 열어 봐요.
그곳에 있는 '나'는 어떤 모습일까요?

있는 그대로의 '나'를 품에 안고
드넓은 세계를 향해
나아가세요.

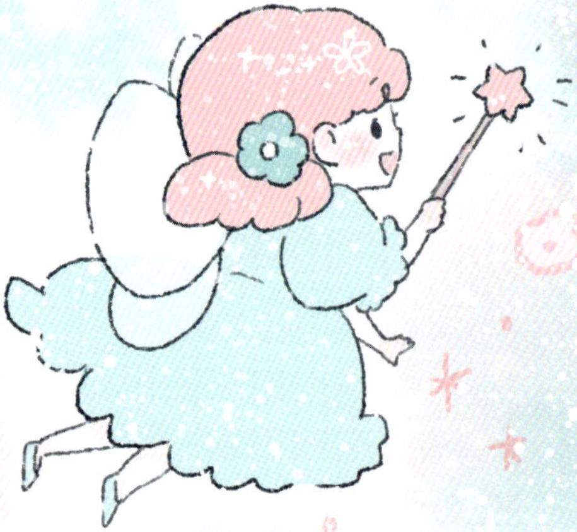

마법의 시간 관리로
나만의 좋은 습관을 만들자

마법의 시간 관리  를 마친 당신은…

🌹 아침 시간을 여유롭게 보낼 수 있게 되었어요.

🌹 자신을 가꿀 여유가 생겼어요.

🌹 자신은 물론 상대방과 마주하는 시간을 만들 수 있게 되었어요.

자신의 내면과 외면을 가꾸면
당당한 자신감이 생겨요.
자신의 매력을 발산하며
해맑게 웃는 당신의 얼굴은
너무나도 사랑스러워요.
다양한 일에 도전하는
시간까지 만들면
더욱 성장할 수 있을 거예요.
다음 수업에서 배워 보아요.

빛나는 미래를 위한
휴일 사용법

학교에 가지 않는 날은 시간이 많아요.
평소에 하지 못했던 일에 도전해 보고
미래로 향하는 새로운 길을 개척합시다.♪

휴일을 값진 시간으로 만들자!

학교에 안 가는 휴일이나 주말에
집에서 할 일 없이 뒹굴기만 한다면
너무 아깝지 않나요?
오늘 뭘 하면서 보낼지 고민해 보세요.
아침에 눈을 뜬 순간부터
당신을 빛나게 만드는
소중한 휴일은 이미 시작되었어요.

🌹 아침 시간을 소중히 하자!

잠을 깨는 데는 아침 햇볕을 쬐는 것이 효과적이에요.
몸과 마음의 스위치를 켜 봅시다.

휴일 또는 주말이라고 너무 늦잠 자지 않도록 해요. 아침은 밤에 잠을 자는 동안 뇌가 쉬고 정리된 상태라 저녁보다 집중력이 높아지고 의욕이 생기는 시간이죠. 따라서 같은 양의 시간을 쓰더라도 저녁보다는 아침에 하는 편이 더 많은 일을 효율적으로 할 수 있어요. 자, 앞으로는 일찍 일어나서 유익한 휴일을 시작해 보세요.

오늘만 할 수 있는 일에 도전하자

모처럼 찾아온 휴일! 자유 시간이 많은 날에만 할 수 있는 일에 도전해 봅시다.

감성 키우기
박물관이나 미술관, 영화관 등 평일에 가기 힘든 곳을 찾아가서 새로운 에너지를 채워 보세요.

계절 즐기기
단풍놀이나 벚꽃 구경 등 특정 계절에 할 수 있는 감상이나 불꽃놀이 등을 통해 추억을 만들어 보세요.

부족한 과목 공부하기
수업이 없는 날이야말로 집중적으로 부족한 과목을 공부할 기회예요. 가족의 도움을 받는 것도 좋아요.

나만의 목표를 정하자

긴 휴일에는 무엇을 하고 싶은지 먼저 목표를 정하세요. 목표나 하고 싶은 일을 정하면, 뜻깊은 휴일을 보낼 수 있어요. 목표를 정했다면 목표를 달성하기까지의 과정과 단계를 생각해 보세요.(➡57쪽).

목표나 하고 싶은 일의 예시

 자유영으로 50m 완주하기

 책 15권 읽기   수학 복습하기

다음 쪽에서 확인!

마법의 시간 관리 ⑤ 빛나는 미래를 위한 휴일 사용법

휴일 계획표를 만들자

긴 휴일에는 특별 계획표를 만들면 좋아요. 휴일이 시작되기 전이나 휴일이 시작된 초반에 만들면, 시간을 잘 관리해서 유용하게 쓸 수 있어요. 목표 달성까지의 과정, 단계도 계획표에 넣어 보세요.

> 엄마, 박물관에 가고 싶은데 ○일에 시간 되세요?

같이 외출하고 싶을 때는 가족에게 미리 일정을 말하고 부탁해요.

수연이의 경우

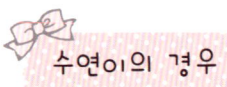

날짜(요일)	숙제	일정
22(목)	문제집 4페이지, 방학 탐구 주제 정하기	아영이와 수영장에서 평영 연습 10:00
23(금)	문제집 4페이지, 수학 시험 재검토	도서관에서 읽고 싶은 책 5권 빌리기
24(토)	문제집 4페이지, 독후감 쓰기	아빠랑 산책하고 배드민턴 치기 1:00
25(일)	문제집 4페이지	

> 정해진 일정이나 목표 달성까지의 단계를 적고, 시간도 함께 적어요.

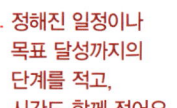

> 끝낸 일정은 V로 표기하거나 밑줄을 그어 표시해요.

숙제를 적는 공간이 있으면 편해요. 학교에서 계획표를 나눠 주면 그걸 활용하는 것도 좋아요.

 행복은 가까이에! 평소에 하지 못했던 일에 도전하면, 지금과는 다른 새로운 세상이 펼쳐져요. 어떤 일이든 일단 시작하는 것이 중요해요.

'생각하는 시간'을 만들자!

일상 속에서 뭔가를 생각하고 고민하는 시간을 따로 갖고 있나요? 천천히 자신의 내면을 들여다보면서 내면이 단단한 어른이 되기 위한 준비를 합시다.

 '자기다움'을 발견하자

경험이나 학습을 통해서 익힌 것을 진지하게 고민하고 생각하는 시간을 가지면, '자기다움'이 무엇인지 천천히 보이기 시작해요. '어떤 일이 즐거운지', '좋아한다는 것이 어떤 의미인지', '친구의 생각은 어떤지' 등 자기 나름대로 주변의 일을 생각하는 시간을 가져 보세요.

앞으로 어떤 '나'가 될까….

오늘 본 영화 중 제일 설렜던 장면은….

'이랬으면 좋았을 텐데'하는 후회나 실수는 다음에 어떻게 하면 좋을지를 생각하는 계기가 되고, 자신을 더욱 성장시키는 힘이 되어요.

 행복은 가까이에! 생각하고 고민하는 시간은, 원석을 갈고 닦아 빛나는 보석이 되도록 만드는 과정과 같아요.

특별 구성

미래의 꿈을 생각하자!

자신의 장점을 파악하고 세상에 어떤 직업이 있는지 알아 두는 등 장래의 꿈에 대해 생각해 보세요.

 자신의 장단점을 알자

당신의 장점, 단점, 좋아하는 것, 싫어하는 것, 잘하는 것, 못하는 것 등을 목록으로 만들어 보세요. 생각나는 대로 적기만 하면 돼요!

좋아하는 것
- 친구들과 이야기 나누기
- 재밌는 영상 보기
- 예쁘게 꾸미기

싫어하는 것
- 운동
- 계산
- 청소

 자신의 장점을 물어보자

가족이나 주변 사람에게 자신의 장점을 물어보세요. 자신도 몰랐던 좋은 면이나 장점을 발견할 수 있어요.

윤이는 동생도 잘 보살피고, 예의가 바르잖아.

자신은 못한다고 생각했는데 주변 사람에게 좋은 평가를 받는 일도 있어요. 다른 사람의 의견을 들어 보는 것도 중요해요. ☆

다양한 직업을 알아보자

책이나 인터넷 등을 통해서 다양한 직업을 조사해 보세요. 지금까지 몰랐던 새로운 직업의 세계를 접하면 미래로 나아가는 길이 더 넓어질 수 있어요.

패션에 관심이 많다면 아래와 같은 직업이 있어요!

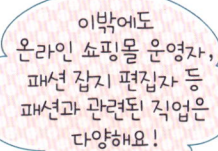

이밖에도 온라인 쇼핑몰 운영자, 패션 잡지 편집자 등 패션과 관련된 직업은 다양해요.

모델

스타일리스트

옷 가게 직원

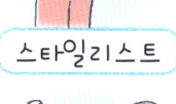

패션 디자이너

재단사

꿈에 투자하는 시간 사용법

마음에 드는 직업을 발견했다면(한 가지가 아니어도 괜찮아요!) 그 직업과 연관된 일을 직접 해 보세요. 예를 들어 패션과 관련된 직업을 갖고 싶다면 패션 잡지를 읽거나 스스로 코디를 짜서 공책에 그려 보는 거예요.

저렇게 코디하니까 예쁘네. ♥

드라마를 시청할 때 등장인물의 패션을 주의 깊게 살펴보는 것도 좋아요.

자신을 성장시키는 시간을 갖자!

지금까지 시간을
유용하게 사용하는 방법을
배우고 익힌 당신.
그런 당신을 한층 더 성장시키려면
어떤 시간이 필요할까요?
반짝반짝 빛이 나는 사람이 되고 싶다면
다양한 사람과 만나고
새로운 세상을 경험해 보세요.

🌹 다양한 사람과 인연을 맺자

가족이나 학교 선생님, 같은 반 친구들 이외의 다른 사람과 어울리는 시간을 가지는 것도 중요해요. 동네 어른이나 후배, 처음 만나는 사람, 해외에서 온 사람 등 다양한 사람과 인연을 맺으면 지금까지 몰랐던 새로운 세계와 가치관을 경험할 수 있고, 지식이 깊어져요.

특별 활동이나 구청, 지역 자원봉사 등을 통해서 다양한 사람과 만나 보세요.

내가 몰랐던 세계를 알아가자

다양한 문화를 접하거나 다양한 일을 경험해 보세요.

자연을 느낀다

등산이나 캠핑 등 평소에 접하기 어려운 자연 체험을 해 보세요.

생물이나 꽃 도감 등을 읽거나, 환경 문제에 관해 생각해 보는 것도 좋아요.

책을 읽는다

독서를 통해서 지식을 얻고 상상력을 키워서 세계관을 넓혀 보세요.

좋아하는 작가의 책 외에도 평소에 잘 읽지 않았던 분야의 책에도 도전해 보세요.

자원봉사를 한다

환경 미화나 모금 활동 등 관심이 있는 자원봉사 활동에 참여해 보세요.

활동하고 느꼈던 것을 주변 사람과 나누거나 공책에 적어 두는 것도 좋아요.

어떤 시간이라도 소중하게!

각양각색의 사람들과 나누는 대화를 통해서 여러 가지 것을 접하면, 평소에 몰랐던 많은 것을 느낄 수 있어요. 이런 과정은 당신을 크게 성장시켜 주지요. 어떤 시간이든 당신의 미래를 위한 투자라고 생각하고 소중히 여기세요.

다양한 시간을 보내는 가운데 서서히 자기다움을 발견해 나갈 수 있어요.

 행복은 가까이에! 내가 몰랐던 세계로 나갈 때 걱정되고 떨리지만, 멋진 미래를 위해서 용기를 내어 한 발씩 내디뎌 보세요!

마법의 시간 관리로
나만의 좋은 습관을 만들자

마법의 시간 관리 5 를 마친 당신은…

 휴일도 의미 있는 시간으로 보낼 수 있게 되었어요.

 미래의 꿈에 대해 생각하는 시간을 가졌어요.

미래를 위해서
시간을 투자하는 것은
매우 값진 일이에요.
앞으로도 즐거운 마음으로
자신의 세계를 넓혀 나가세요!
당신의 행동 하나하나가
나를 나답게 만들며,
빛나는 미래로 이끌어 줄 거예요.

시간 관리를 배우기 전과 후
자신의 모습을 살펴보세요.
당신은 어떻게 변했나요?

즐거운 일을 더 즐겁게 하고 싶을 때,
힘든 일을 씩씩하게 극복하고 싶을 때,
시간을 잘 관리하는 방법은
당신에게 큰 힘이 되어 줄 거예요.

눈앞의 시간을 소중히 여기고
내 생각대로 나답게 살아가세요.

시간은 언제나 든든한 당신의 편이니까요!

감수 ● 스즈키 나오코(鈴木尚子)

일본 최초의 생활지도 전문가. 패션 업계에서 수십 년간 디자인, 기획, 인재 육성 등의 업무를 담당한 경험을 살려 2011년에 SMART STORAGE!를 창업했다. 즐거운 가정, 소중한 나, 아름다운 주거 공간을 만들기 위한 강좌를 진행하고 있으며, 강좌는 늘 만석이 될 정도로 인기가 많다.
SAMRT STORAGE! 홈페이지 http://smartstorage.jp

역자 ● 이 지 현

이화여자대학교 의류직물학과를 졸업하고 일본 여자대학교로 교환 유학을 다녀왔다. 이화여자대학교 통번역대학원 한일번역과를 졸업했다. 현재 엔터스코리아 일본어 번역가로 활동 중이다.
주요 역서로는 『스틸』, 『세상의 이치를 터놓고 말하다』, 『내 마음을 구해줘』, 『미루기 습관은 한 권의 노트로 없앤다』, 『무적의 글쓰기』 등이 있다.

....

Oshare Manner Book (4) Otona ni nattemo Komaranai! Jikan no Tsukaikata
Supervised by Naoko Suzuki
All rights reserved.
First published in Japan in 2019 by POPLAR Publishing Co., Ltd.
Korean translation rights arranged with POPLAR Publishing Co., Ltd.
through Shinwon Agency Co.
Korean edition copyright ⓒ 2021 by Seoul Cultural Publishers, Inc.

마법의 시간 관리
1판 1쇄 인쇄 | 2021년 8월 13일
1판 1쇄 발행 | 2021년 8월 25일

감수 | 스즈키 나오코 **번역** | 이지현

발행인 | 조인원 **편집인** | 최원영
편집장 | 최영미 **편집** | 방유진, 손유라 **디자인** | 박수진
출판마케팅담당 | 홍성현, 이풍현 **제작 담당** | 이수행, 오길섭
발행처 | (주)서울문화사 **등록일** | 1988년 2월 16일
등록번호 | 제2-484
주소 | (우)04376 서울특별시 용산구 새창로 221-19
전화 | (02)791-0754(판매) (02)799-9375(편집)
팩스 | (02)790-5922(판매)
출력 | 덕일인쇄사 **인쇄처** | 에스엠그린 인쇄사업팀

ISBN 979-11-6438-455-6 67300,
     979-11-6438-403-7(세트)

이 책은 저작권법에 따라 보호를 받는 저작물이므로 저작권자와 출판사의 허락 없이 이 책의 내용을 복제하거나 다른 용도로 쓸 수 없습니다.
책값은 뒤표지에 있습니다. 잘못된 책은 바꾸어 드립니다.

❀ 꿈을 이루는　　　　　　의 멋진 하루 ❀

본문 37p를 보고 작성해 봐요.

❀ 시간을 잘 쓰기 위한 나만의 약속을 정해 보세요. ❀

❀ 할 일 목록 만들기

오늘의 일정을 목록으로 작성하자!
본문 58p를 보고 작성해 봐요.

❀ 나만의 체크 리스트 ❀

날짜

- ❀ ☐
- ❀ ☐
- ❀ ☐
- ❀ ☐
- ❀ ☐
- ❀ ☐
- ❀ ☐
- ❀ ☐

❀ 나만의 체크 리스트 ❀

날짜

- ❀ ☐
- ❀ ☐
- ❀ ☐
- ❀ ☐
- ❀ ☐
- ❀ ☐
- ❀ ☐
- ❀ ☐

❀ 나만의 체크 리스트 ❀

날짜

- ❀ ☐
- ❀ ☐
- ❀ ☐
- ❀ ☐
- ❀ ☐
- ❀ ☐
- ❀ ☐
- ❀ ☐

❀ 나만의 체크 리스트 ❀

날짜

- ❀ ☐
- ❀ ☐
- ❀ ☐
- ❀ ☐
- ❀ ☐
- ❀ ☐
- ❀ ☐
- ❀ ☐

❀ 할 일 목록 만들기

오늘의 일정을 목록으로 작성하자!
본문 58p를 보고 작성해 봐요.

❀ 나만의 체크 리스트 ❀
날짜

- ❀ ☐
- ❀ ☐
- ❀ ☐
- ❀ ☐
- ❀ ☐
- ❀ ☐
- ❀ ☐
- ❀ ☐

❀ 나만의 체크 리스트 ❀
날짜

- ❀ ☐
- ❀ ☐
- ❀ ☐
- ❀ ☐
- ❀ ☐
- ❀ ☐
- ❀ ☐
- ❀ ☐

❀ 나만의 체크 리스트 ❀
날짜

- ❀ ☐
- ❀ ☐
- ❀ ☐
- ❀ ☐
- ❀ ☐
- ❀ ☐
- ❀ ☐
- ❀ ☐

❀ 나만의 체크 리스트 ❀
날짜

- ❀ ☐
- ❀ ☐
- ❀ ☐
- ❀ ☐
- ❀ ☐
- ❀ ☐
- ❀ ☐
- ❀ ☐

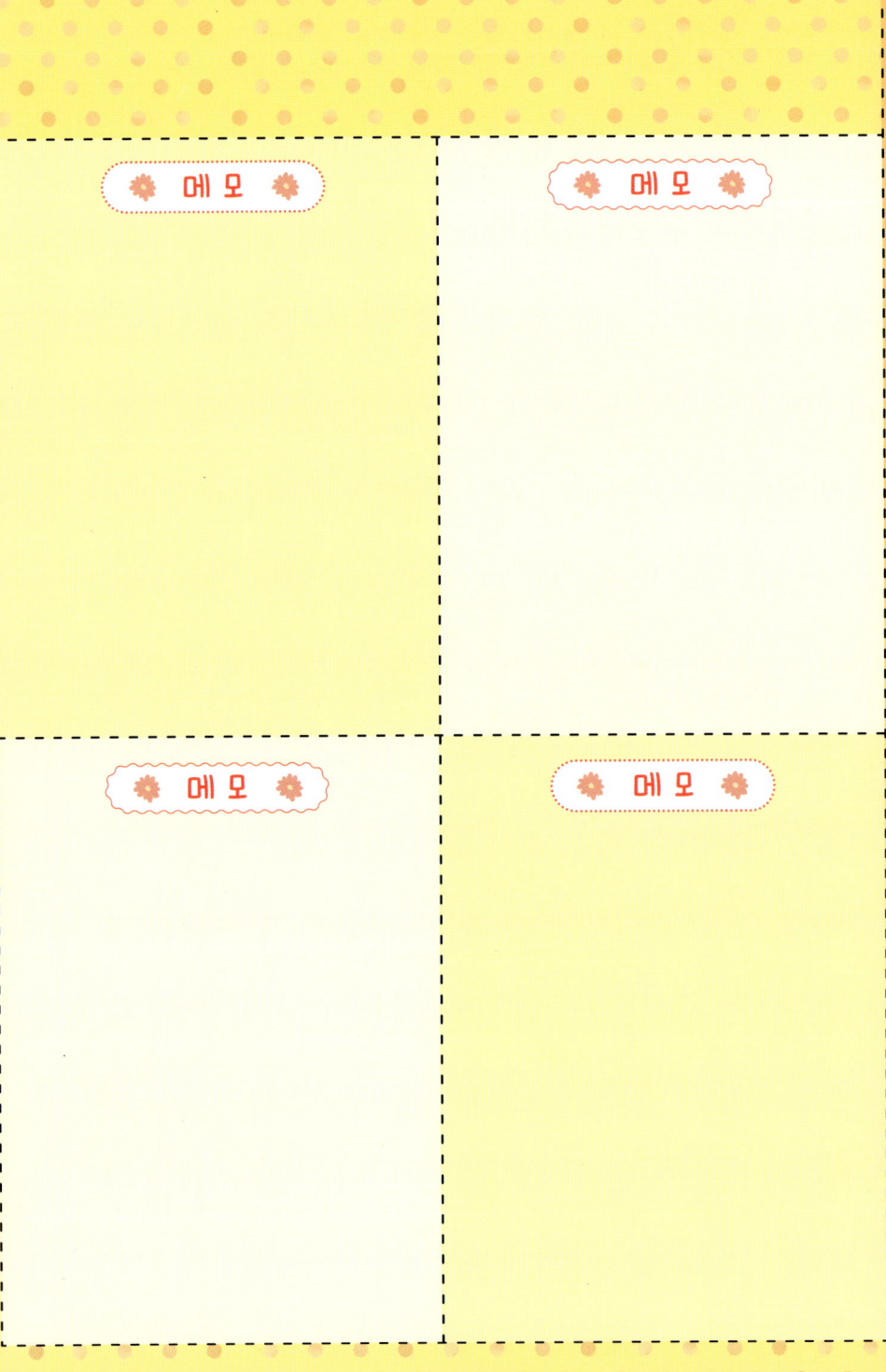